www.ingramcontent.com/pod-product-compliance
Lightning Source LLC
Chambersburg PA
CBHW080002280326
41935CB00013B/1726

ديناميكيات سوق العمل في ليبيا

دراسة للبنك الدولي

ديناميكيات سوق العمل في ليبيا

إعادة الاندماج من أجل التعافي

مجموعة البنك الدولي

المحتويات

شكر وتقدير ix
ملخص وافٍ xi
الاختصارات والأسماء المختصرة xvii

الفصل الأول مقدمة 1
أهداف الدراسة 1
حواشي 3

الفصل الثاني هيكل سوق العمل الليبية 5
مقدمة 5
نظرة عامة على الأيدي العاملة 5
أين الوظائف؟ 8
عقود العمل وتغطية الضمان الاجتماعي 8
الأجور والدخل 10
من هم العاطلون عن العمل وأين هم؟ 15
الاستنتاجات 18
حواشي 21

الفصل الثالث بناء مؤسسات وسياسات سوق العمل 23
مقدمة 23
الأطراف الفاعلة الناشئة على جانب العرض 23
تنوع الأطراف الفاعلة على جانب الطلب 25
إعادة النظر في قوانين العمل 25
الاستنتاجات 26
حواشي 27

الفصل الرابع سمات العمال وأفضلياتهم: الاستثمار في التدريب على العمل 29
مقدمة 29
أفضليات التوظيف 32
المهارات 33
البحث عن وظيفة 35

تصنيف سمات الباحثين عن وظائف حسب النوع	35
الاستنتاجات	38
حواشي	39

الفصل الخامس	وجهات نظر الشركات: الاستثمار في مناخ الأعمال	**41**
	مقدمة	41
	النمو والتوظيف	41
	ممارسات توظيف العمالة الوطنية والأجنبية	46
	التعاقدات	**48**
	المهارات والتدريب	48
	قوانين العمل	50
	الاستنتاجات	51
	حواشي	51

الفصل السادس	آثار السياسات: الفرص الناشئة أثناء المرحلة الانتقالية	**53**
	ملخص للنتائج وأبرز التحديات	53
	إطار لإستراتيجية شاملة للوظائف	53
	الأساسيات: استعادة الأمن من أجل مناخ أعمال تنافسي	**55**
	سياسات العمل: إعادة توجيه اللوائح التنظيمية والمهارات من أجل وظائف جيدة	56
	الاستنتاجات	**58**
	حواشي	**58**

الملحق أ	منهجية التقييم السريع لسوق العمل	59
	الأهداف	59
	تقييم المعروض من العمالة	60
	تقييم الطلب على العمالة	61
	التحديات	63

الملحق ب	تصميم استقصاء التقييم السريع لسوق العمل	65

الملحق ج	إطار عمل لنظام للتدريب والتعيين للقطاعين العام والخاص	67

الإطارات

1-4	تصميم التقييم السريع لسوق العمل في ليبيا على جانب العرض، 2012	30
2-4	الاتجاهات المستقبلية في تقييم المهارات الوظيفية	34
3-4	منهجية تطوير سمات الباحثين عن عمل	37
1-5	تصميم التقييم السريع لسوق العمل على جانب الطلب	41
1-6	مواجهة الأزمات من خلال العمل في منطقة شرق آسيا والمحيط الهادئ	54
2-6	آثار التدريب الوظيفي والتعيين في المكسيك	56
3-6	الوظائف وإعادة الاندماج في البوسنة والهرسك	57
4-6	الشراكات المحلية بين القطاعين العام والخاص في ليبيا	57

الأشكال

ملخص وافٍ-1	معدل البطالة في ليبيا	xii
ملخص وافٍ-2	طريق السياسات إلى خلق الوظائف وإعادة الاندماج في ليبيا	xiv
1-1	إطار لخلق الوظائف وإعادة الاندماج في الأوضاع الهشة	2
1-2	الأيدي العاملة في ليبيا حسب العمر ونوع الجنس	6
2-2	الأيدي العاملة حسب المستوى التعليمي والعمر	7
3-2	الأيدي العاملة حسب المستوى التعليمي: مقارنات دولية	7
4-2	معدل المشاركة في الأيدي العاملة، 2012	8
5-2	الباحثون عن العمل من المسجلين بهيئة شؤون المحاربين حسب الوضع الوظيفي قبل نشوب الصراع، 2012	9
6-2	الأيدي العاملة الليبية حسب الوظيفة (بالآلاف وفي المائة)	9
7-2	توزيع الوظائف في ليبيا حسب نوع الجنس	10
8-2	توزيع الوظائف حسب القطاع الاقتصادي	10
9-2	توزيع الوظائف في القطاعات الرئيسية: مقارنات دولية، 2012	11
10-2	نوع عقود العمل حسب القطاع والعمر	11
11-2	الفروق الضريبية: مقارنات دولية	12
12-2	تغطية الضمان الاجتماعي حسب القطاع والعمر	12
13-2	التوزيع العام للأجور في ليبيا	13
14-2	توزيع الأجور حسب القطاع في ليبيا	13
15-2	متوسط أجر الفرد حسب الفئة المهنية والحصة النسبية	14
16-2	علاوات أجور التعليم الجامعي في مقابل الثانوي حسب نوع الجنس والقطاع	14
17-2	فوارق الأجر بين القطاعين الخاص والعام حسب المستوى التعليمي	15
18-2	توزيع معدلات البطالة الجزئية بين مختلف الأعمار حسب نوع الجنس والقطاع	16
19-2	معدل البطالة، الكلي وحسب نوع الجنس: مقارنات دولية	16
20-2	معدل البطالة حسب العمر ونوع الجنس	17
21-2	معدل البطالة في ليبيا حسب نوع الجنس والمستوى التعليمي	19
22-2	معدل البطالة حسب الالتحاق بالتعليم العالي: مقارنات دولية	19
23-2	الالتحاق بالتعليم العالي في ليبيا على مر الزمن: الإجمالي وحسب نوع الجنس، 1992-2003	20
24-2	معدل البطالة بين الشباب، (أ) الإجمالي، و(ب)حسب نوع الجنس	20
1-3	الأطراف الرئيسية الفاعلة ومؤسسات سوق العمل في ليبيا، 2014	24
1-4	المهن الأولية بين المشاركين العاملين حسب النوع	31
2-4	مستوى الاهتمام بالبحث عن عمل حسب أفضليات نوع الوظيفة	32
3-4	أفضليات البحث عن عمل حسب نوع الوظيفة	33
4-4	متوسط درجات التصنيف الذاتي حسب مستوى المهارات بين الليبيين الباحثين عن عمل	33
5-4	سمات الباحثين عن عمل بين العاطلين	36
6-4	الدخل كما افاد المشاركون أنفسهم حسب نوع الجنس	38
1-5	التوزيع القطاعي إلى إجمالي الناتج المحلي، 2011	42
2-5	مستوى التعافي الاقتصادي في ليبيا قياساً على النمو قبل الصراع حسب القطاع	44
3-5	آفاق النمو خلال ستة أشهر في مقابل سنتين	44
4-5	آفاق النمو خلال الأشهر الستة التالية حسب القطاع	45
5-5	طلب الشركات الليبية على الخدمات من الغرف التجارية، 2012	46
6-5	إفادات الشركات الليبية عن توظيف العمالة الوطنية في مقابل العمالة الأجنبية حسب المهنة	47
7-5	سهولة الحفاظ على المواطنين الليبيين حسب القطاع الاقتصادي، وحجم، ونوع الشركة	47
8-5	احتمالات التوظيف حسب المستوى التعليمي وخبرة العمل السابقة	48
9-5	المهارات التي عليها طلب أعلى والمهارات التي يصعب العثور عليها	49

10-5 الشركات الليبية الداعية لإدخال إصلاحات على قانون العمل حسب نوع الإصلاح 50
1-6 طريق السياسات إلى خلق الوظائف وإعادة الاندماج في ليبيا 54
ج-1 إطار للتدريب الوظيفي والتعيين بالقطاعين العام والخاص 67

الخريطة

1-2 معدل البطالة في ليبيا حسب المحافظات 18

الجداول

1-2 ملخص لأبرز مؤشرات سوق العمل 6
1-4 الوضع الوظيفي للمشاركين حسب المستوى التعليمي 29
2-4 الوضع الوظيفي للمشاركين حسب نوع الجنس 30
3-4 الوضع الوظيفي للمشاركين حسب خبرة العمل السابقة (سنة على الأقل) 30
ب4-1-1 الوضع الوظيفي للمشاركين حسب المدن 31
4-4 المشاركون الذين يتلقون دعماً من عائلاتهم حسب النوع والمستوى 32
5-4 ترتيبات معيشة المشاركين حسب الحالة الاجتماعية 32
6-4 توزيع مهارات المشاركين حسب المستوى 34
7-4 نسبة المشاركين ذوي المهارات العالية حسب تقييمهم لأنفسهم (%) 34
ب5-1-1 القطاعات التي جرى تقييمها حسب إجمالي عدد الشركات والموظفين 42
1-5 الأيدي العاملة النشطة حسب القطاع الاقتصادي في ليبيا، 2011 43
1-6 ملخص لتوصيات السياسات الخاصة بليبيا 55
أ-1 الفئات السكانية التي اشتمل عليها التقييم السريع 60
أ-2 أماكن البحث والتوازن بين الجنسين 61
أ-3 الشركات التي شملتها المقابلات وأماكنها 62
ب-1 هيكل استقصاء جانب العرض (الباحثين عن عمل) 65
ب-2 هيكل استقصاء جانب الطلب (الشركات) 66

شكر وتقدير

أُعدت مذكرة السياسات هذه في إطار برنامج البنك الدولي لتقديم المساعدة الفنية لليبيا في مجال التوظيف والمهارات. ويتقدم المؤلفون بالشكر لممثلي السلطات الحكومية العديدة على ما أبدوه من حفاوة وكرم ضيافة وتنسيق في إطار هذا العمل، وخاصة وزارة التخطيط، ووزارة العمل والتأهيل، ومصلحة الإحصاء والتعداد.

تألف فريق عمل البنك الدولي من هبة الجزار (خبير اقتصادي أول بإدارة التنمية البشرية)، وكارولين بانسون (أخصائية تنمية اجتماعية)، وبيترو كاليتشي (أخصائي أول، تنمية القطاع الخاص)، وندا شويري (كبير خبراء اقتصاديين قطريين -ليبيا)، وإريك تشرشل(أخصائي اتصالات)، وإريك دافن(استشاري تقييم أوضاع العمل)، ولورانس هارغريفز (استشاري تقييم أوضاع العمل)، وخالد المسناوي (خبير اقتصادي أول، الحد من الفقر وإدارة الاقتصاد)، وعبد الرحمن الأغا (أستاذ الاقتصاد المساعد بجامعة تونس، استشاري أوضاع العمل)، وفرانشيسكا ريكاناتيني (خبير اقتصادي أول، القطاع العام)، وباولا ريدولفي (كبير موظفين بإدارة منطقة المغرب العربي)، ومنال كوتة (أخصائية تعليم). وقد استفاد العمل كثيراً من المناقشات المثمرة مع كامل براهام (كبير أخصائيي التعليم بإدارة التنمية البشرية)، وجول بوسينجر (منسق برامج قطرية بإدارة منطقة المغرب العربي)، وفابريس هودارت (كبير موظفين بإدارة منطقة المغرب العربي)، وماريا لورا سانشيز بويرتا (خبير اقتصادي أول، قطاع الحماية الاجتماعية والعمل)، وديفيد روبالينو (مدير وكبير خبراء اقتصاديين، الوظائف)، وفريدريكه روتر (مسؤول أول عمليات، قطاع الحماية الاجتماعية والعمل)، وألكسندريا فاليريو (خبير اقتصادي أول، التعليم). وأفاد التقرير من المساعدة التحريرية التي حظي بها من أليشيا هتزنر (استشاري أول في تحرير النصوص)، وكذلك عبدية محمد وريك لودويك (البنك الدولي) على ما قدموه من مساندة ممتازة لنشر هذا العمل.

ويتقدم الفريق بخالص الشكر الجزيل للأقران المراجعين على ما قدموه من آراء وتعليقات مفيدة: غزالة منصوري (كبير خبراء اقتصاديين، مجموعة بحوث التنمية)، وديفيد نيوهاوس (خبير اقتصادي أول، الحد من الفقر وإدارة الاقتصاد، جنوب آسيا)، ولورانس أور (استاذ العلوم الاقتصادية بجامعة جون هوبكنز)، ومايكل ويلموند (كبير أخصائيي التعليم، التنمية البشرية، شرق آسيا والمحيط الهادئ). كما يتقدم الفريق بالشكر أيضاً على ما تلقاه من مساندة من باتريك بيريبونوا (مساعد برامج)، وهند إبرهيام (محللة عمليات)، وعبد الرحمن خروع (مساعد برامج)، وفرانسواز موكامانا (مساعدة برامج)، ومارك ريدنغ (مسؤول أمن، العمليات القطرية)، وبسمة سعيدي الرفاعي (مساعدة برامج). ويعرب الفريق عن تقديره لما تلقاه من مشورة قيمة من ياسر الجمال (مدير قطاع، الحماية الاجتماعية والعمل)، ومروان العباسي (ممثل مقيم، ليبيا)، والإرشاد العام لسايمون غراي (مدير قطري، منطقة المغرب العربي)

ويدين الفريق بالفضل والعرفان للمشاورات المفيدة مع ممثلي شركات القطاع الخاص ومنظمات المجتمع المدني في ليبيا، ولاسيما الغرفة التجارية في طرابلس، ومؤسسة توكل الإنمائية الليبية، ومؤسسة الأمل، وجماعة المشكّلين العالمية (Global Shapers)، فضلاً عن المنظمات الدولية ومن بينها الاتحاد الأوروبي، وبعثة مساندة الأمم المتحدة في ليبيا، ووزارة التنمية الدولية البريطانية، ومؤسسة التعاون الدانمركية.

ملخص وافٍ

مقدمة

منذ ثورة *2011* التي أطاحت بالنظام السابق، وقعت ليبيا فريسة لصراع سياسي عميق. واليوم، لا توجد سوى فرص محدودة لإعادة دمج الشباب والمحاربين السابقين في سوق العمل.

وعلى مر العقود الأربعة التي سبقت ثورة عام 2011، لم يكن قد تبقى من مؤسسات ما بعد الاستقلال الهشة أصلاً إلا أسماؤها. فالاقتصاد الليبي الذي كان اقتصادا زراعيا ذات يوم شهد تحولا شاملا ليصبح اقتصادا ريعيا يعتمد اعتماداً كاملاً على عائدات النفط. وكانت أموال الدولة تُنفق بلا ضابط ولا رابط على جهاز حكومي مترهل لا يؤدي وظائفه، وعلى التحويلات الاجتماعية والإعانات. وبالتدريج ارتفع حجم ما يُنفق على دعم الطاقة، والغذاء، والدعم العيني للإسكان وعلاوات المعيشة إلى مستويات تفوق القدرات، ويتضاءل أمامها ما يُنفق على الدعم في غيرها من بلدان المنطقة.[1] وفي عام 2013، كان ما تقدمه الدولة من دعم يمثل 14 في المائة من إجمالي الناتج المحلي، وترافق مع ذلك تضاعف بند الأجور والرواتب العامة مقارنة بتقديرات ما قبل الثورة ليصل إلى 17 في المائة من إجمالي الناتج المحلي (صندوق النقد الدولي 2013).[2]

وفي أعقاب ما تلا الثورة مباشرة من طفرة في استهلاك النفط، شهد الاقتصاد الليبي ركوداً في عام 2014. ويمثل الأمن التحدي الأكبر للاستقرار (البنك الدولي 2014).[3] وفي عام 2003، وهو آخر عام تتوفر بشأنه بيانات رسمية، كانت نسبة الفقر تُقدَر بحوالي 11.8 في المائة. ونتيجة لاستمرار الصراع، وارتفاع معدلات البطالة، وحالة الضعف المطردة للخدمات العامة، يتعرض الفقراء وأشباه الفقراء في ليبيا لأخطار متزايدة. وعندما وجدت ليبيا نفسها فجأة وقد تحررت من قبضة نظام حكم سيئ السمعة في أكتوبر/تشرين الأول 2011، كان نظام ماليتها العامة عاجزاً تقريبا عن أداء وظائفه. وفي ذلك الوقت، كان هناك الكثير مما يحتاج إلى إعادة بناء. ولم يزل يتعين إنشاء المؤسسات، ونُظُم المعلومات،[4] وإيجاد إدارة عامة عصرية، وهي أشياء لم تعرفها ليبيا طيلة 40 عاماً.

أهداف هذا التقرير

تتمثل أهداف مذكرة السياسات هذه فيما يلي: (1) تقديم تقييم أولي لسوق العمل في ليبيا و (2) مناقشة خيارات السياسات المتاحة لتعزيز الصلاحية للتوظيف في إطار إستراتيجية أوسع لخلق فرص العمل.

ويستند هذا التقييم إلى إطار لجانبي العرض والطلب على الوظائف في الأوضاع الهشة.[5] ومن شأن تحويل الاقتصاد الليبي من اقتصاد ريعي يعتمد اعتماداً كلياً على عائدات النفط إلى اقتصاد إنتاجي متنوع من خلال الشراكات الاقتصادية والفنية أن يساعد في تسريع وتيرة خلق الفرص الاقتصادية والوظائف. ومن هذا المنطلق، فإن بناء التحالفات بين القطاعين العام والخاص من شأنه هو الآخر أن يمثل مكونا جوهريا لبناء الدولة في ليبيا.

النتائج الرئيسية

تعمل الغالبية الساحقة (*85* في المائة) من الأيدي العاملة النشطة في ليبيا بالقطاع العام، وهي نسبة مرتفعة جدا حتى بالمقاييس الإقليمية. بل تزيد النسبة لأكثر من ذلك في حالة النساء (*93* في المائة).

وكانت الأيدي العاملة في ليبيا، البالغ تعداد سكانها 6 ملايين نسمة، تتألف قبل الثورة من 2.6 مليون عامل، قرابة 50 في المائة منهم من الأجانب. وأثناء الثورة، فر ما يقرب من مليون عامل أجنبي من ليبيا. واستناداً إلى بيانات 2012،[6] يبلغ حجم الأيدي العاملة اليوم قرابة 1.9 مليون من بين تعداد السكان الباقين والذي يُقدَر بنحو 5 ملايين نسمة. ولا تتجاوز نسبة النساء من بين الأيدي العاملة فعلاً 34 في المائة.

ومن بين الأيدي العاملة النشطة، يبلغ عدد العاملين داخل ليبيا 1.5 مليون شخص. وفي حين يمثل العاملون بالقطاع العام أكثرية هذه العمالة النشطة، فإن نسبة العاملين بالصناعة (في قطاع النفط في المقام الأول) وبالزراعة لا تتجاوز 10 في المائة من حجم الأيدي العاملة. ولا تمثل هذه النسبة سوى 20 في المائة مما كان عليه الحال قبل حوالي 30 عاماً. ونظراً لهيمنة القطاع العام بوصفه جهة العمل الرئيسية، يرتفع مستوى الأمن الوظيفي، ولاسيما بين من تبلغ أعمارهم 45 سنة فأكثر، الذين يعملون عادةً بعقود غير محددة المدة. وفي حين يتمتع كافة العاملين بالقطاع العام تقريباً بشكل أو آخر بالضمان الاجتماعي، فإن نسبة من تشملهم مظلة التأمين من العاملين بالقطاع الخاص لا تزيد عن 46 في المائة — وهو فارق كبير. ويعزز الأجور في ليبيا ما تقدمه الدولة من دعم كبير للوقود والغذاء، فضلاً عن المزايا الاجتماعية للأمومة، والإعالة، والمسنين.

تعاني ليبيا من أحد أعلى معدلات البطالة في العالم، خاصة بالنظر إلى ارتفاع نسبة الالتحاق بالتعليم الجامعي.

وقد ارتفعت نسبة البطالة الإجمالية من 13.5 في المائة عام 2010 قبل الثورة لتصل إلى 19 في المائة عام 2012 (انظر الشكل ملخص وافٍ-1). وتبلغ نسبة البطالة بين الشباب قرابة 48 في المائة، والبطالة بين النساء 25 في المائة. وبالنظر إلى تضخم القطاع العام، فإن هذه الأنماط تعكس في المقام الأول: (أ) قلة وظائف القطاع الخاص المتاحة لليبيين سواء كانوا من العمال المهرة أم غير المهرة. ومن العوامل الإضافية التي تسهم في ارتفاع البطالة: (ب) ضعف كفاءة الانتقال من مرحلة الدراسة إلى العمل؛ (ج) الانتظار لوقت طويل للحصول على وظائف في القطاع العام؛ (د) ضعف استعداد الليبيين لقبول الوظائف المهنية واليدوية، التي يشغلها بالتبعية في الغالب الأعم عمال أجانب من ذوي المهارات المتدنية. كما أن الوظائف التي تتطلب مهارات عالية يشغلها أيضاً عاملون من غير الأهالي. ويشكو 30 في المائة من الشركات من ملاقاتها صعوبة في توظيف مواطنين ليبيين مؤهلين.[7] كما وجد هذا التقرير كذلك أن الشركات تقوم بتوظيف ليبيين لتلبية حصص العمالة المنصوص عليها باللوائح التنظيمية في الوقت الذي تستعين فيه بعمال أجانب على مختلف مستويات المهارة لتلبية الاحتياجات الفعلية للعمل. وبالنسبة لعملية التوظيف، تعطي الشركات أيضا ثقلا أكبر لخبرة العمل السابقة لا للخلفية التعليمية. ويشير هذا النمط إلى ضرورة تصميم برامج سوق العمل بصورة موجهة مباشرة بدرجة أكبر لبناء المهارات ذات الصلة بالوظائف.

وينقسم الساعون إلى الحصول على وظائف في ليبيا إلى شرائح مختلفة. ولا تتجاوز نسبة العمالة الماهرة نسبياً من الأيدي العاملة الليبية ما يتراوح بين 15 و 30 في المائة، وهؤلاء يمكن توظيفهم بسهولة إذا أتيحت لهم الفرصة للحصول على المساعدة في مجال التدريب الأساسي على العمل والبحث عن عمل. أما بالنسبة لبقية العاطلين من الأيدي العاملة، فلابد من تصميم إجراءات تدخلية موجهة من أجل تطوير المهارات، والتدريب المهني، وإعادة التحويل، وبرامج التلمذة المهنية وريادة الأعمال. غير أن القطاع الخاص في ليبيا سيكون عليه في نهاية المطاف أن يخلق الكثير من فرص العمل الجديدة في القطاعات غير المستغلة من أجل استيعاب الوافدين الجدد على سوق العمل.

الشكل ملخص وافٍ-1 معدل البطالة في ليبيا

في المائة

ليبيا 19

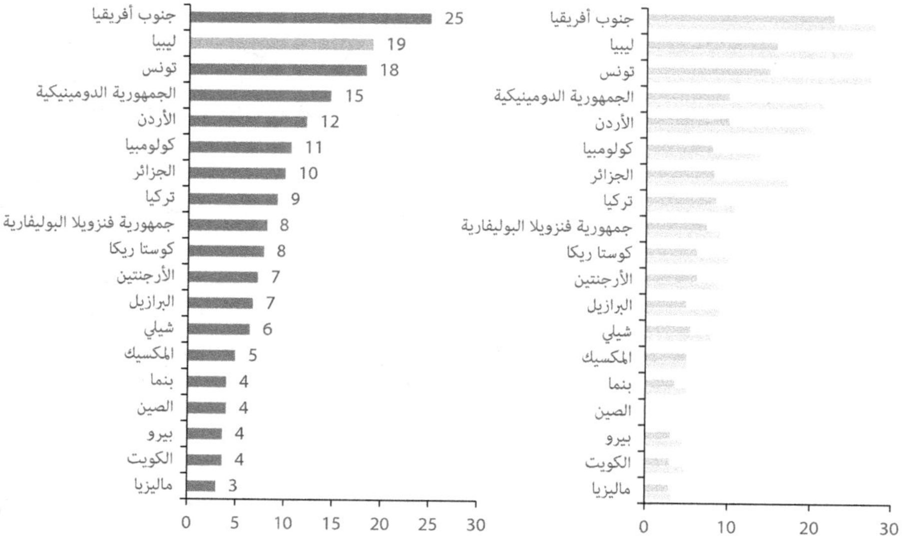

المصدر: حسابات خبراء البنك الدولي؛ وبيانات استقصاء الأيدي العاملة في ليبيا 2012؛ ومؤشرات التنمية في العالم؛ وقاعدة بيانات المؤشرات الرئيسية لسوق العمل الخاصة بمنظمة العمل الدولية، 2013.

ديناميكيات سوق العمل في ليبيا • http://dx.doi.org/10.1596/978-1-4648-0714-5

وفور استقرار الوضع الأمني، ستكون هناك حاجة إلى إصلاح مناخ الاستثمار من أجل تسريع وتيرة النمو والتعويض عما تعرض له خلق فرص العمل من خسائر نتيجة للصراعات المتكررة.

وسيكون على ليبيا أن تنشئ قطاعا ماليا قابلا للاستمرار وأن تدخل تحسينات واسعة النطاق فيما يتعلق بالقدرة على الحصول على الائتمان، مع تبسيط القواعد المنظمة للأعمال بشكل ملموس، وخلق حوافز قوية للاستثمار في قطاعات جديدة. واستنادا إلى تحليل لتوقعات الشركات للمستقبل، من المنتظر أن تخلق قطاعات البنية التحتية، والتجارة، والضيافة، والزراعة الجزء الأكبر من فرص العمل على الأمد القصير إلى المتوسط، وكذلك قطاعات الخدمات والصناعات التحويلية على الأمد الطويل. وبناء على مقابلات أُجريت عام 2012 في إطار التقييم السريع من أجل وضع هذا التقرير، وعلى الرغم من بواعث القلق الأمنية، فقد توقعت الشركات تحقيق معدل نمو يبلغ قرابة 6 في المائة خلال العامين القادمين. غير أن التقديرات الأولية تشير إلى أن النمو سيكون بحاجة إلى أن يبلغ ضعف هذا المستوى حتى يسهل استيعاب الباحثين عن عمل.

وكانت ليبيا قد شرعت، قبل اندلاع الصراع الأخير في عام 2014، في عملية لإصلاح تشريعات العمل، غير أنها تعطلت نتيجة للصراع السياسي الذي نشب خلال عام 2014. ولكي يتسنى تحفيز خلق المزيد من فرص العمل بالقطاع الخاص، لابد من أن تمتزج إصلاحات العمل بإدخال إصلاحات أوسع نطاقاً للحماية الاجتماعية. وستكون هناك حاجة إلى إدخال إصلاحات لإعادة هيكلة التوظيف بالجهاز الحكومي، ومعالجة نظام الحصص المخصصة لتوظيف المواطنين في مقابل غير المواطنين، وترشيد وتوحيد القواعد المنظمة فيما يتعلق بأنواع عقود التوظيف. وتُعد تغطية الضمان الاجتماعي ضعيفة في القطاع الخاص، حيث لا تشمل سوى 46 في المائة فقط من العاملين. ولابد من إجراء مزيد من التحليل لتقييم هيكل المزايا، والاستدامة، وتكلفة العمل، وذلك من أجل تحديد أفضل السبل لتقوية الحماية الاجتماعية مع تحفيز خلق فرص العمل.

التحديات الرئيسية

مما يفاقم من تحدي خلق الوظائف الذي تواجهه ليبيا الضعف السابق للمؤسسات، وتعثر تنويع القطاع الخاص ونموه، وغياب التوافق بين المهارات واحتياجات سوق العمل.

وتمر ليبيا، وهي لا تزال في طور النهوض من عثرات ثورتها، بمرحلة تحول تزداد هشاشتها من جراء البطالة السافرة والبطالة الجزئية. وفضلاً عن عدم استقرار البيئة السياسية واستمرار فترات الصراع، فإن أكبر التحديات التي تواجه سوق العمل تتمثل فيما يلي:

- **القدرة على الحصول على التمويل والحوافز التي يتيحها مناخ الأعمال.** فضعف مناخ الأعمال يقلل من الطلب على الأيدي العاملة من جراء عدم تمكن المشاريع الصغيرة والمتوسطة والكبيرة من الحصول على التمويل، وخدمات الأعمال، وحوافز الاستثمار في القطاعات الناشئة، مثل البناء، والتجارة، والخدمات، والصناعات الزراعية.

- **القطاع العام بوصفه جهة العمل المفضلة.** فهيمنة المشاريع المملوكة للدولة على الاقتصاد وهيكل امتيازات الوظائف الحكومية يقللان من حوافز السعي للحصول على وظيفة بالقطاع الخاص.

- **قوانين العمل فيما يتعلق بالتعاقدات، والتنقلات، والتوظيف، والفصل من الخدمة.** فاللوائح التنظيمية المثبطة التي تحكم هيكل عقود العمل، وحصص الوظائف المخصصة للمواطنين، ومتطلبات التدريب، وإجراءات التوظيف والفصل من الخدمة، قد تحد بدلاً من أن تشجع على خلق الوظائف.

- **ازدواجية الضمان الاجتماعي بين القطاعين العام والخاص.** فضعف تغطية مظلة الضمان الاجتماعي بالقطاع الخاص يؤدي في العادة إلى طول فترة الانتظار للحصول على وظائف بالقطاع العام.

- **المهارات ذات الصلة بالوظائف، سواء العالية أم المتدنية.** فالشركات تواجه تحديات في إلحاق مواطنين مؤهلين بالوظائف التي تتطلب مهارات، سواء كانت عالية أم متدنية.

- **مساندة غير الحاصلين على شهادات جامعية في الالتحاق بالوظائف.** فعلى الرغم من ارتفاع معدلات الالتحاق بالتعليم العالي، يؤدي ضعف القدرة على الانتقال من مرحلة الدراسة إلى العمل إلى ارتفاع معدلات البطالة بين الشباب لتصبح أحد أعلى المعدلات في العالم.

خيارات السياسات المتاحة على الأمد القصير إلى الطويل

من شأن وضع إستراتيجية متكاملة للوظائف أن يساعد على تشجيع الاندماج أثناء المرحلة الانتقالية في ليبيا وأن يمهد الطريق لتعزيز التوظيف على الأمد الطويل.

وتسلط مذكرة السياسات هذه الضوء على العوامل الهيكلية المتعددة التي تؤثر في سوق العمل بليبيا، وبالأخص مناخ الأعمال الوليد وقلة خبرة الأيدي العاملة. وتواجه ليبيا، وهي في خضم حالة من عدم الاستقرار السياسي، تحديات توظيف الشباب والمحاربين السابقين التي يمكن أن تؤثر في إحلال الاستقرار وبناء الدولة على الأمد الطويل. وبالنظر للسياق الليبي، يبرز هدفان رئيسيان من أهداف السياسات وهما:

- **بناء الأساسيات اللازمة لإيجاد نمو مستدام ومتنوع.** فالنمو يتطلب إجراءات تدخلية لاستعادة الأمن واستقرار المؤسسات، وخلق سوق مالية تقوم بوظائفها جيداً، وإيجاد مناخ استثماري تنافسي على الأمد الطويل.
- **تحسين كفاءة دخول سوق العمل.** فضعف الكفاءة يدعو إلى القيام بإجراءات تدخلية من أجل الشباب والمحاربين السابقين على الأمد القصير، من خلال الشراكات بين القطاعين العام والخاص على سبيل المثال، والتدريب أثناء العمل، على أن يعقبها المزيد من الإصلاحات الهيكلية لسياسات العمل والحماية الاجتماعية في القطاعين العام والخاص.

ومن أجل التشجيع على خلق الوظائف وإعادة الاندماج، لابد من وضع إستراتيجية متكاملة لخلق الوظائف لمعالجة هذين الهدفين في ثلاثة من المجالات الرئيسية للسياسات (انظر الشكل: ملخص وافٍ. 2).
وتشمل تلك الإصلاحات والإجراءات التدخلية الرئيسية ما يلي:

- **تدعيم الاستقرار والحوافز ضمن مناخ الأعمال على الأمد القصير إلى المتوسط،** ولاسيما من خلال تعزيز القدرة على الحصول على التمويل، وخدمات الأعمال، وحوافز الاستثمار في القطاعات الناشئة من أجل المشاريع الصغيرة والمتوسطة والكبيرة، وبوجه خاص في القطاعات التي تمتلك قدرة كبيرة على خلق فرص العمل في ليبيا، مثل البناء، والتجارة، والخدمات، والصناعات الزراعية.
- **إحداث تحول في دور القطاع العام بوصفه جهة عمل مفضلة للعمل على الأمد المتوسط** وذلك بالحد من هيمنة القطاع العام والمشاريع المملوكة للدولة على الاقتصاد
- **ضمان سن تشريعات عمل تكفل منح حوافز كافية لخلق فرص العمل في القطاع الخاص على الأمد المتوسط،** وبالأخص فيما يتعلق بهيكل التوظيف وتعاقدات التدريب، والحصص المخصصة للمواطنين وغير المواطنين، واشتراطات التدريب، وسياسات التوظيف والفصل من الخدمة

الشكل ملخص وافٍ-2 طريق السياسات إلى خلق الوظائف وإعادة الاندماج في ليبيا

- **الحد من الازدواجية في سياسات الضمان الاجتماعي بين القطاعين العام والخاص على الأمد القصير إلى المتوسط،** ولاسيما ضعف تغطية مظلة الضمان الاجتماعي بالقطاع الخاص والانتظار لوقت طويل للحصول على وظائف بالقطاع العام

- **استهداف تنمية المهارات ذات الصلة بالعمل على الأمد القصير إلى الطويل،** وهو ما سيساعد على الحد من العراقيل التي تواجه الشركات من خلال الاستعانة بمواطنين مؤهلين لشغل الوظائف التي تتطلب مهارات، سواء كانت عالية أم متدنية

- **تحسين الانتقال من مرحلة الدراسة إلى العمل على الأمد المتوسط،** وذلك من أجل تيسير الالتحاق بسوق العمل أمام الشباب والنساء، ولاسيما إذا أخذنا في الاعتبار ارتفاع معدلات الالتحاق بالتعليم العالي بوجه خاص في ليبيا.

واستشرافا للمستقبل، نجد أن هناك حاجة ماسة لوضع إستراتيجية للوظائف تقوم على أساس الرؤية الاقتصادية الليبية. ولابد لهذه الإستراتيجية من أن تعالج طائفة من التحديات التي تواجه مناخ الأعمال في ليبيا، ومؤسسات سوق العمل، والنظام التعليمي. وبالنسبة للقطاعات غير المستغلة جيداً، كالتجارة والخدمات والسياحة والصناعات الزراعية، فإنها تتسم بإمكانيات كامنة كبيرة على نحوٍ خاص. ومع مضي عملية التحول في ليبيا قدماً، سيكون من شأن بناء تحالفات لتحسين آفاق التوظيف أن تساعد في تدعيم بناء الدولة على الأمد الطويل. وتُعد التحديات التي تواجهها ليبيا من بعض الأوجه مماثلة لتلك التي تواجهها بقية بلدان منطقة الشرق الأوسط وشمال أفريقيا وغيرها من البلدان متوسطة الدخل وذات الأوضاع الهشة. غير أن ليبيا بحاجة إلى سد الفراغ المؤسسي القديم والعميق وفي الوقت نفسه تيسير التصالح فيما بين الفصائل المتناحرة في دولة وليدة. ولابد في هذا الصدد من إدخال إصلاحات هيكلية ومؤسسية كبيرة. وقد بدأ بالفعل في الظهور تعاون مبتكر بين القطاعين العام والخاص بما يمكن أن يمهد الطريق أمام هذه الإصلاحات. ومن هنا، فإن بناء التحالفات يمكن أن يعجل بسرعة التغيير اللازم من أجل خلق فرص العمل وإعادة الاندماج في ليبيا، وإرساء الأساس لمستقبل أقوى بالنسبة لليبيين جميعاً.

حواشي

1. البنك الدولي، مذكرة رصد الاقتصاد الليبي، اجتماعات الربيع (واشنطن العاصمة: البنك الدولي، 2014).

2. صندوق النقد الدولي، ليبيا، 2013، مشاورات المادة الرابعة، التقرير القطري للصندوق 13/150، واشنطن العاصمة (2013).

3. البنك الدولي، مذكرة رصد الاقتصاد الليبي.

4. البيانات والمعلومات الإحصائية في ليبيا قليلة، مما يزيد من صعوبة التحليل الحالي.

5. البنك الدولي، تقرير عن التنمية في العالم 2011: الصراع والأمن والتنمية (واشنطن العاصمة، البنك الدولي، 2011)؛ والبنك الدولي، تقرير عن التنمية في العالم 2013: الوظائف (واشنطن العاصمة، البنك الدولي، 2012).

6. حسابات خبراء البنك الدولي ومصلحة الإحصاء والتعداد الليبية استناداً إلى أحدث البيانات، استقصاء الأيدي العاملة، ليبيا 2012، مصلحة الإحصاء والتعداد، وزارة التخطيط، طرابلس.

7. البنك الدولي، تقييم مناخ الاستثمار في ليبيا 2010 (واشنطن العاصمة، البنك الدولي، 2011).

الاختصارات والأسماء المختصرة

BSC	مصلحة الإحصاء والتعداد
CLB	مجلس رجال الأعمال الليبي
CoC	الغرفة التجارية
CV	سيرة ذاتية
DDR	نزع السلاح، وتسريح المحاربين، وإعادة دمجهم
DIME	تقييم الأثر الإنمائي
EDB	مجلس التنمية الاقتصادية
ESDF	صندوق التنمية الاقتصادية والاجتماعية
GDP	إجمالي الناتج المحلي
GPC	اللجنة العامة للمشاريع
HIB	مجلس الإسكان والاستثمار
ICA	تقييم مناخ الاستثمار
ICMPD	المركز الدولي لتطوير سياسات الهجرة
IDI	مقابلات متعمقة
ILO	منظمة العمل الدولية
IT	تكنولوجيا المعلومات
KII	المقابلات مع مصادر المعلومات الأساسية
KILM	المؤشرات الرئيسية لسوق العمل
LFPR	معدل المشاركة في الأيدي العاملة
LFS	استقصاء الأيدي العاملة
LIDCO	الشركة الليبية للاستثمار والتنمية
LYD	دينار ليبي
M&E	الرصد والتقييم
MFZC	شركة مصراتة للمناطق الحرة
MOE	وزارة الاقتصاد
MOL	وزارة العمل والتأهيل، ليبيا
MOP	وزارة التخطيط
ODAC	هيئة تطوير المراكز الإدارية
OECD	منظمة التعاون والتنمية في الميدان الاقتصادي

OTJ	التدريب أثناء العمل
PFM	إدارة الشؤون المالية العامة
PIAAC	برنامج التقييم الدولي لقدرات البالغين
PIB	مجلس الخصخصة والاستثمار
PPP	الشراكة بين القطاعين العام والخاص
PROBECAT	برنامج رفع القدرات للعمال العاطلين
SME	مؤسسات الأعمال الصغيرة والمتوسطة
SOE	المؤسسات المملوكة للدولة
STEP	المهارات من أجل التوظيف والإنتاجية
UNESCO	منظمة الأمم المتحدة للتربية والعلم والثقافة (اليونسكو)
USAID	الوكالة الأمريكية للتنمية الدولية
WAC	هيئة شؤون المحاربين
WDI	مؤشرات التنمية العالمية
US$	دولار أمريكي

أسعار العملة المقابلة

(سعر الصرف في 17 يناير/كانون الثاني 2015)

دينار ليبي = 0.76 دولار أمريكي

دولار أمريكي = 1.33 دينار ليبي

السنة المالية للحكومة

1 يناير/كانون الثاني – 31 ديسمبر/كانون الأول

الفصل الأول

مقدمة

أهداف الدراسة

في عام 2015، وجدت ليبيا نفسها، في جوانب كثيرة، تعاني من أوضاع ما بعد الثورة، وهو شيء كان حتمياً لا مفر منه. فعلى مر العقود الأربعة التي سبقت ثورة عام 2011، لم يكن قد تبقى من مؤسسات ما بعد الاستقلال الهشة أصلاً إلا أسماؤها. فالاقتصاد الليبي الذي كان اقتصادا زراعيا ذات يوم شهد تحولا شاملا ليصبح اقتصادا ريعيا يعتمد اعتماداً كاملاً على عائدات النفط. وكانت أموال الدولة تُنفق بلا ضابط ولا رابط على جهاز حكومي مترهل لا يؤدي وظائفه، وعلى التحويلات الاجتماعية والإعانات. وعلاوة على ذلك، فقد ارتفع وبالتدريج حجم ما يُنفق على دعم الطاقة، والغذاء، والدعم العيني للإسكان وعلاوات المعيشة إلى مستويات تفوق القدرات، ويتضاءل أمامها ما يُنفق على الدعم في غيرها من بلدان المنطقة.[1] وفي عام 2013 كان ما تقدمه الدولة من دعم يمثل 14 في المائة من إجمالي الناتج المحلي، وترافق مع ذلك تضاعف بند الأجور والرواتب العامة مقارنة بتقديرات ما قبل الثورة ليصل إلى 17 في المائة من إجمالي الناتج المحلي.[2]

وفي أعقاب ما تلا الثورة مباشرة من طفرة في استهلاك النفط، شهد الاقتصاد الليبي ركوداً في عام 2014. ويشكل الأمن أعظم تحد للاستقرار.[3] وعكست موازنة عام 2013، التي بلغ حجم حافظتها 66.8 مليار دينار ليبي، قفزة في الإنفاق بلغت نسبتها 90 في المائة من الإنفاق الحكومي مقارنة بعام 2012. وبسبب تأخر الحكومة في إقرار الموازنة والافتقار إلى القدرة على اتخاذ القرار السياسي فيما يتعلق بحافظة الاستثمارات العامة، انخفض الإنفاق الرأسمالي بنسبة 80 في المائة من 26 في المائة من إجمالي الناتج المحلي في عام 2010 إلى 5.5 في المائة فقط في عام 2013. ويُرجح أن تُظهر البيانات أن عام 2014 كان عام ركود آخر بسبب تعثر إنتاج النفط والغاز، وهو ما سيقلص إجمالي الناتج المحلي بنسبة 10 في المائة؛ فضلاً عن تباطؤ نمو القطاعات غير النفطية بنسبة 15 في المائة، وذلك في المقام الأول بفعل الاستهلاك العام والخاص. وعندما وجدت ليبيا نفسها وقد تحررت من قبضة نظام حكم سيئ السمعة في أكتوبر/تشرين الأول 2011، كان نظام ماليتها العامة عاجزاً تقريبا عن أداء وظائفه. ولم يزل هناك الكثير مما يتعين إعادة بنائه، إذ مازال يتعين بناء المؤسسات، ونظام المعلومات،[4] والإدارة العامة العصرية—وهي أشياء لم تعرفها ليبيا طيلة 40 عاماً.

غير أن أعظم التحديات التي تتضاءل أمامها تلك الحواجز التي تعوق عملية الانتقال السلس لم تطل برأسها إلا في أواخر عام 2011: مسألة البطالة، والأدهى منها قضية الشباب والمحاربين. ومع أنها لا تُقاس بجمهورية مصر العربية من حيث عدد السكان، ولها روابط تجارية مهمة بتونس، فإن ليبيا تُعد مجتمعاً منقسماً على نفسه بشدة تبعاً للانتماءات القبلية والميليشيات بما يفوق كثيراً ما نراه إلى الشرق منها أو إلى الغرب. وعلى الرغم من أن المرحلة الانتقالية التي تمر بها تُعد طبيعية، بل ربما ضرورية، فإن الضبابية السياسية التي تختلط بالاقتتال الطائفي بلغت أبعاداً هائلة، مما أصاب بالشلل أمة كانت متطلعة للمستقبل. فحتى المناضلون من أجل الحرية الذين يدين لهم مواطنو ليبيا ومغتربوها بحياتهم الجديدة سرعان ما أسفروا عن واحد من أعقد التيارات السياسية التحتية التي تواجه بلداً من بلدان منطقة الشرق الأوسط وشمال أفريقيا التي تمر بمرحلة انتقالية. ويشكل التحدي المزدوج المتمثل في إعادة دمج الشباب والمحاربين السابقين في حياة إنتاجية مثمرة، مع خلق سوق عمل نشطة في الوقت نفسه لكي تستوعبهم،[5] أصعب الحواجز على الأرجح في وجه نجاح عملية الانتقال الاقتصادي والسياسي التي تواجه ليبيا اليوم.

وتتمثل أهداف مذكرة السياسات هذه في تقديم تقييم أولي لأهم المؤشرات الرئيسية لسوق العمل ومناقشة خيارات السياسات المتاحة لتعزيز الصلاحية للتوظيف في إطار إستراتيجية أوسع لخلق فرص العمل في ليبيا. ويتبع هذا التقييم إطارا فكرياً للعرض والطلب على الوظائف وإعادة الاندماج في الأوضاع الهشة الغنية بالموارد (انظر الشكل 1-1). ويمثل اثنان من تقارير عن التنمية في العالم التي صدرت في الآونة الأخيرة—وهما "الصراع والأمن والتنمية"،[6] و "الوظائف"[7]—الأساس الذي يقوم عليه هذا الإطار. فمن خلال عدسات مختارة،

الشكل 1-1 إطار لخلق الوظائف وإعادة الاندماج في الأوضاع الهشة

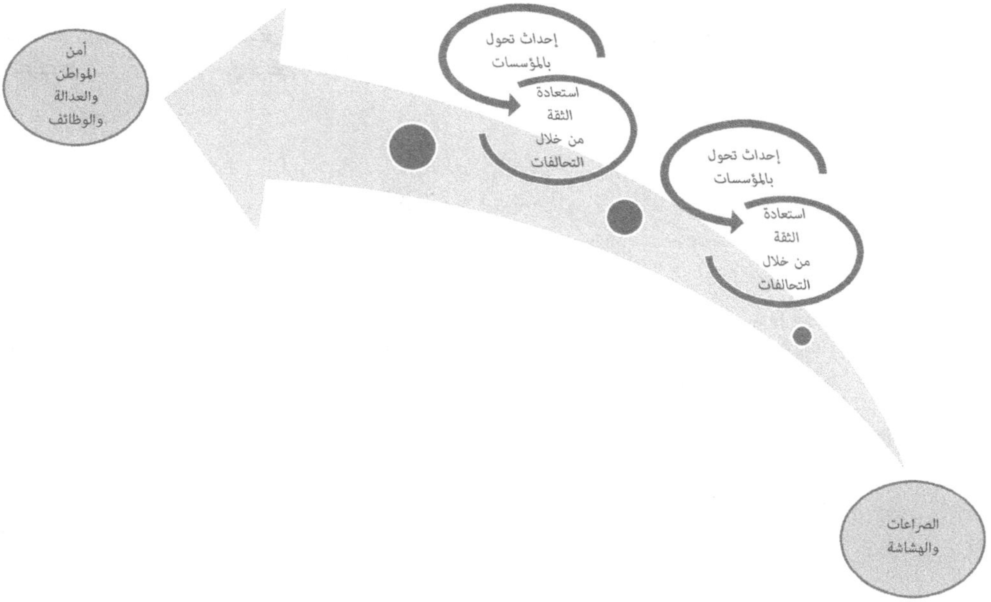

يقوم هذا التقريران بفحص جانبي العرض والطلب على العمل ودور الوظائف كمكون جوهري من مكونات السلام وبناء الدولة. ويرسم هذا الإطار الحواجز التي تحول دون الحصول على وظائف جيدة في صورة تحدٍ ثلاثي الطبقات، ويعتبرها أساساً محورياً للانتقال من الهشاشة إلى الاستقرار. والطبقة الأولى هي الأساسيات، ألا وهي إرساء الأسس السليمة للاقتصاد الكلي والحوكمة. وتصف الطبقة الثانية سياسات العمل، التي تشمل تشريعات العمل وما يتعلق بها من سياسات مثل تلك المتصلة بالتعليم والضمان الاجتماعي. وتبعاً لدرجة جودة تصميمها، يمكن لهذه السياسات أن تُحدث تأثيراً في خلق فرص العمل الرسمية وغير الرسمية.[8] أما الطبقة الثالثة فتركز على الأولويات، التي تزيد من وضوح شكل أجندة السياسات من حيث القضايا الإنمائية ذات الخصوصية والأهمية البالغة.

وكان من القيود التي عاقت التحليل قلة البيانات المتاحة في ليبيا، ولكن تم استكمالها بمعلومات جُمعت من خلال أدوات جديدة للرصد والتقييم. وتشمل مصادر البيانات الرئيسية استقصاء الأيدي العاملة الليبي لعام 2012، الذي أجرته مصلحة الإحصاء والتعداد؛[9] فضلا عن تقييم نوعي للباحثين عن وظائف والشركات قام به البنك الدولي، وهو التقييم السريع للقوى العاملة لعام 2012. واستُخدمت البيانات الإدارية المأخوذة من مصرف ليبيا المركزي وهيئة شؤون المحاربين في تحليل المؤشرات الاقتصادية الرئيسية وإحصاءات الأيدي العاملة ذات الصلة بالمحاربين السابقين، على الترتيب.

ومثلما تظهر بقية التقرير، فإن أكبر التحديات التي تواجه العملية الانتقالية وسوق العمل في حالة ليبيا تتركز حول ضعف الأساسيات المؤثرة في العرض والطلب على الأيدي العاملة، وهي:

- ضعف سيادة القانون وعدم الاستقرار السياسي، بما في ذلك ضعف المؤسسات
- عدم وجود بيئة أعمال مواتية، بما في ذلك السوق المالية
- عدم تطور رأس المال البشري، كما يتجلى في ارتفاع البطالة والمؤشرات التعليمية

وتُعد الأطراف الفاعلة من القطاع الخاص والمجتمع المدني ذات أهمية بالغة لمساندة وتنفيذ أية سياسات عامة لتعزيز التوظيف على الأمد القصير إلى المتوسط في السياقات المماثلة لليبيا، حيث تُعد مؤسسات الدولة وليدة وغير مستقرة.

ويتشكل هيكل التقرير كالآتي: الفصل الثاني يقدم تشخيصا للقوى العاملة في ليبيا باستخدام تحليل استقصاء الأيدي العاملة لعام 2012 الذي أجرته مصلحة الإحصاء والتعداد. أما الفصل الثالث فيعالج مسألة تقييم كيف يمكن لليبيا أن تبدأ في معالجة العراقيل التي يظهرها هذا التحليل، ومؤسسات سوق العمل الليبية. ويطلق الفصل الرابع نقاشاً حول الإجراءات التدخلية الممكنة في السياق الليبي من منظور الباحثين

عن وظائف وذلك من خلال تقييم أفضلياتهم ومهاراتهم. ويتناول الفصل الخامس آفاق المستقبل بالنسبة للوظائف بالقطاع الخاص من وجهة نظر أرباب الأعمال. وأخيراً، واستناداً إلى هذه النتائج، يطرح الفصل السادس إطارا للسياسات ويقدم توصيات لكل من جانبي العرض والطلب من أجل التشجيع على عملية توظيف مثمرة ومستقرة. ونأمل في أن يفيد هذا التقييم باعتباره أساسا تستند إليه ليبيا في سعيها إلى وضع إستراتيجية توظيف تقوم على رؤية لقطاع خاص يتمتع بالحيوية في المستقبل.

حواشي

1. البنك الدولي. 2014. مذكرة رصد الاقتصاد الليبي، اجتماعات الربيع. واشنطن العاصمة: البنك الدولي.
2. صندوق النقد الدولي. 2013. ليبيا، 2013 مشاورات المادة الرابعة. التقرير القطري لصندوق النقد الدولي 13/150، واشنطن العاصمة.
3. البنك الدولي. 2014. مذكرة رصد الاقتصاد الليبي. واشنطن العاصمة: البنك الدولي.
4. البيانات والمعلومات الإحصائية في ليبيا قليلة، مما يزيد من صعوبة التحليل الحالي. وتجري مصلحة الإحصاء والتعداد استقصاءً للأسر كل 10 سنوات. ومنذ عام 2007، أجرت المصلحة قرابة 5 استقصاءات سنوية أو مرة كل سنتين للقوى العاملة. غير أن البيانات المستقاة من استقصاء 2010 واستقصاء 2012 هي وحدها التي رؤي أنه يمكن التعويل عليها بما فيه الكفاية من جانب السلطات لاستخدامها في التحليل. ومنذ عام 2012، يجري تنفيذ برنامج لبناء القدرات من أجل تحسين بيانات الاقتصاد الكلي والاقتصاد الجزئي لدى المصلحة.
5. لاستيعاب الباحثين عن عمل حالياً في سوق العمل، تشير التقديرات الأولية إلى أنه سيتعين على الاقتصاد الليبي أن ينمو بمعدل 6.5 في المائة سنوياً على مدى 5 سنوات، لكن المعدل سيرتفع إلى 17 في المائة على مدى 10 سنوات إذا تم الاعتماد على القطاع الخاص وحده. وتفترض هذه التقديرات أن نمو الاقتصاد يُترجم إلى نمو في سوق العمل؛ وأن ما يُقدَّر بنحو 25 ألف خريج، على أساس تقديرات ما قبل الثورة، يدخلون سوق العمل كل سنة. وكلا الافتراضين بحاجة إلى مزيد من التقييم.
6. البنك الدولي، تقرير عن التنمية في العالم *2011: الصراع والأمن والتنمية* (واشنطن العاصمة، البنك الدولي 2011).
7. البنك الدولي، تقرير عن التنمية في العالم *2013: الوظائف* (واشنطن العاصمة، البنك الدولي 2012).
8. د. أ. روبالينو، ل. رولينغز، و إ. ووكر، "بناء الحماية الاجتماعية ومفاهيم أنظمة العمل والآثار العملياتية"، ورقة نقاش عن الحماية الاجتماعية والعمل 2012 (واشنطن العاصمة، البنك الدولي، 2012)؛ ج. بتشرمان، "مؤسسات سوق العمل: استعراض للمؤلفات"، ورقة عمل لأبحاث السياسات 6276 (واشنطن العاصمة، البنك الدولي 2012).
9. تجري مصلحة الإحصاء والتعداد الليبية، تحت رعاية وزارة التخطيط، استقصاءات سنوية لسوق العمل. وفي الفترة ما بين عامي 2007 و 2011، تم إجراء 3 استقصاءات، ولكن مازالت هناك مشكلات فيما يتعلق بنوعية البيانات. ونتيجة لذلك، لم يتم إدراج تلك البيانات في هذا التقييم. وتم إجراء استقصائي الأيدي العاملة لعامي 2012 و 2013 (وهما غير متاحين حتى الآن) باستخدام استقصاءات محدَّثة وإرشادات المسوحات، مع قرب إصدار استقصاء الأيدي العاملة لعام 2014–2015. ويقوم إطار أخذ العينات على أساس المسح السكاني العام الذي أجرته المصلحة في عام 2010، والذي تبنى أخذ عينات عنقودية بسبب التشتت الجغرافي الشديد في ليبيا. وتألفت العينة المستخدمة في استقصاء الأيدي العاملة لعام 2012 من 9340 أسرة، وبعد تنقية البيانات، تألفت مجموعة البيانات النهائية من 9280 أسرة و 50256 فرداً.

الفصل الثاني

هيكل سوق العمل الليبية

مقدمة

في عام 2013، بلغ تعداد سكان ليبيا قرابة 6.1 مليون نسمة، يعيش 84 في المائة منهم في مناطق حضرية، أكثرها على امتداد ساحل البحر المتوسط حيث توجد غالبية فرص العمل بشكل عام.[1] وعلى الرغم من وجود النفط، لا يزال الفقر باقياً في ليبيا. ففي عام 2003، كانت نسبة الفقر تبلغ قرابة 11.8 في المائة، مع تباينات جهوية واسعة فيما بين المحافظات حيث تتفاوت النسبة من 1.5 في المائة إلى 30 في المائة.[2]

يمثل الشباب نسبة كبيرة نسبيا من الليبيين بالمقارنة بجيرانهم، حيث يمثل البالغون من العمر 24 سنة أو أقل 52 في المائة في حين لا تتجاوز نسبة من تبلغ أعمارهم 64 سنة أو أكثر 4 في المائة فقط. ومثل غيره من البلدان متوسطة الدخل التي تواجه طفرة شبابية، لا تزيد أعمار 30 في المائة من أبناء الشعب الليبي عن 14 سنة. وتتشابه هذه النسبة مع كل من الكويت (25 في المائة)، وماليزيا (27 في المائة)، وتركيا (26 في المائة)؛ وهم أكثر شباباً من شيلي (21 في المائة) وتونس (23 في المائة). وأكثر الليبيين متصلون لاسلكيا من خلال تكنولوجيا الهاتف المحمول حيث تبلغ نسبة اشتراكات المحمول 148 اشتراكاً لكل 100 شخص. إلا أن نسبة انتشار الإنترنت تُعد من أدنى النسب في العالم. ففي عام 2012، كان واحد من بين كل 5 أشخاص في ليبيا متصلا بالإنترنت، في مقابل 4 من بين كل 10 في الأردن وتونس، و 7 من كل 10 في ماليزيا، و 8 من كل 10 في الكويت. وفي ضوء هذه الخلفية، يبدأ إلقاء نظرة على هيكل سوق العمل الليبية في الأقسام التالية في تسليط الضوء على أهمية استهداف الفئات السكانية الرئيسية فضلاً عن تلك القطاعات التي تمتلك أكبر قدرة كامنة على خلق الوظائف، وهو ما سنعرض له بالنقاش لاحقا في هذا التقرير.

نظرة عامة على الأيدي العاملة

يمثل الشباب (ممن تتراوح أعمارهم بين 15 و 24 عاماً) 10 في المائة من الأيدي العاملة، وتشكل الإناث 34 في المائة من الأيدي العاملة (انظر الجدول 2–1 والشكل 2–1). ولا تختلف كثيراً نسبة الإناث في الأيدي العاملة بليبيا عنها في أكثر البلدان متوسطة الدخل بما فيها تونس (27 في المائة)، وتركيا (30 في المائة)، وماليزيا (38 في المائة). ومن ناحية أخرى، كانت نسبة الإناث المنخرطات في الأيدي العاملة في ليبيا عام 2012 أكبر كثيراً منها في الجزائر المجاورة لها (17 في المائة)، والأردن (18 في المائة)، والكويت (24 في المائة).[3]

فيما يتعلق بالمستوى التعليمي، تُعد غالبية الأيدي العاملة الليبية شبه ماهرة. فقرابة النصف تلقوا تعليماً ثانوياً أو تدريباً بعد المرحلة الثانوية (47 في المائة)، ولا يمثل من لم يتلقوا سوى تعليمٍ ابتدائي أو أقل إلا أقلية صغيرة (13 في المائة). ويحمل حوالي 25 في المائة من المنخرطين في الأيدي العاملة شهادات جامعية (انظر الشكلين 2–2 و 2–3).

وفيما بين المواطنين الليبيين، كانت نسبة المشاركة في الأيدي العاملة عام 2012 (ممن هم في سن العمل) تُقدَر بنحو 47.8 في المائة، وهو ما يعادل قرابة 1.9 مليون مواطن ليبي (انظر الجدول 2–1). ويبلغ عدد السكان الذين يشغلون وظائف فعلية حوالي 1.5 مليون مواطن ليبي. ونتيجة لذلك، تُقدَر نسبة العاملين إلى السكان بنحو 38.7 في المائة. وتُعد هذه النسبة متدنية بالقياس إلى المتوسط السائد في بلدان منطقة الشرق الأوسط وشمال أفريقيا وهو 43 في المائة وبالقياس إلى المتوسط السائد بغيرها من البلدان متوسطة الدخل وهو 54.8 في المائة.

واتساقاً مع غيرها من بلدان منطقة الشرق الأوسط وشمال أفريقيا،[4] تكشف سوق العمل الليبية عن وجود تباينات واسعة بين الجنسين في نسبة المشاركة في الأيدي العاملة (انظر الشكل 2–4). فالنسبة العامة للمشاركة في سوق العمل تتفق مع بلدان المنطقة الأخرى، ولكنها

الجدول 2-1 ملخص لأبرز مؤشرات سوق العمل

المؤشر	ذكور	إناث	الإجمالي
السكان في سن العمل (بالألف)	2,026	1,916	3,942
القوى العاملة (بالألف)	1,236	647	1,882
معدل المشاركة في القوى العاملة (في المائة)	61.0	34.0	48.0
التوظيف (بالألف)	1,039	485	1,524
نسبة التوظيف إلى عدد السكان (في المائة)	51.0	25.0	39.0
البطالة (بالألف)	196	162	358
نسبة البطالة (في المائة)	15.9	25.1	19.0
البطالة المقنّعة (بالألف)	390	83	463
نسبة البطالة المقنّعة (في المائة)	31.0	13.0	25.0
الشباب العاملون (بالألف) (من 15 إلى 24 سنة)	57	38	95
نسبة البطالة بين الشباب	40.9	67.9	48.7

المصدر: حسابات خبراء البنك الدولي ومصلحة الإحصاء والتعداد، استقصاء القوى العاملة الليبي 2012.

الشكل 2-1 الأيدي العاملة في ليبيا حسب العمر ونوع الجنس

بالآلاف

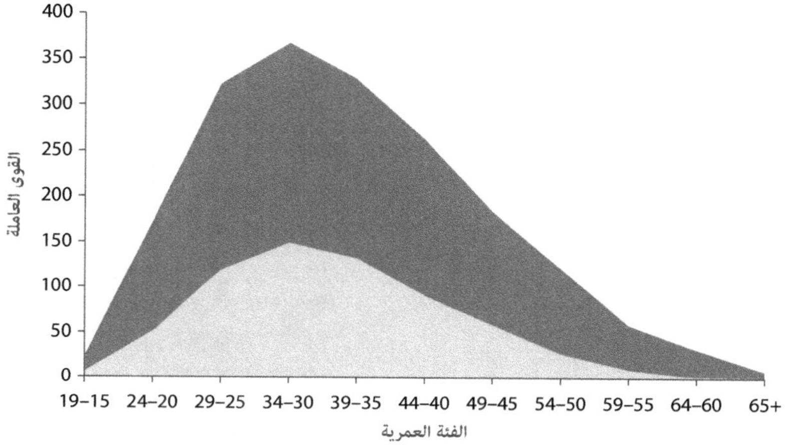

المصدر: حسابات خبراء البنك الدولي ومصلحة الإحصاء والتعداد، استقصاء القوى العاملة الليبي 2012.

تقل كثيراً عن غيرها من الاقتصادات الصاعدة مثل ماليزيا، وبيرو، وجنوب أفريقيا. وفي حين تبلغ نسبة مشاركة الذكور في الأيدي العاملة بليبيا حوالي 61 في المائة، يقل الرقم إلى النصف تقريباً بين الإناث إذ يبلغ 33.8 في المائة. إلا أنه بسبب غموض التعريف وهيكل التوظيف في ليبيا فإن هذه النسب ينبغي التعامل معها بحذر، مثلما هو موضح بالتفصيل أدناه.

فقبل نشوب صراع عام 2011، كانت الأيدي العاملة الأجنبية تُقدَّر بما يتراوح بين 1.2 و 1.5 مليون شخص، ليمثلوا بذلك قرابة 50 في المائة من إجمالي الأيدي العاملة في تلك الفترة وحجمها 2.6 مليون شخص. وفي عام 2012، ذهبت التقديرات إلى أن حوالي 430 ألف عامل أجنبي كانوا يشتغلون في القطاع الرسمي، في حين كان 800 ألف آخرون يعملون بشكل غير رسمي.[5] وإذا جُمع الرقمان معاً، يشكل العمال الأجانب حوالي 40 في المائة من الأيدي العاملة؛ ويشكل المواطنون الليبيون 60 في المائة.

وتعد العمالة الأجنبية مصدرا مهما للأيدي العاملة في ليبيا، إذ تعجز واحدة من كل 3 شركات عن العثور على ليبيين مؤهلين لشغل الوظائف.[6] وتبدو التحديات التي تواجه التوظيف أكثر وضوحاً بالنسبة للوظائف التي تتطلب مهارات أعلى في قطاع النفط والغاز—وهي وظائف عادةً ما يشغلها العمال الأجانب. ويتفاوت العمال الأجانب في ليبيا من المهنيين من ذوي المهارات العالية وحتى العمال الأقل مهارة الذين يقومون بالأعمال اليدوية. وتتألف أكبر فئة من فئات العمال الأجانب من مواطني البلدان المجاورة بمنطقة الشرق الأوسط وشمال أفريقيا (من مصريين وموريتانيين ومغاربة وسودانيين وتونسيين) ويليهم الوافدون من بلدان أفريقية (من تشاد وإريتريا وغانا ومالي ونيجيريا والصومال)،[7] فضلا عن العمال الوافدين من بلدان أخرى، مثل بنغلاديش وصربيا وأوكرانيا.

الشكل 2-2   الأيدي العاملة حسب المستوى التعليمي والعمر

في المائة

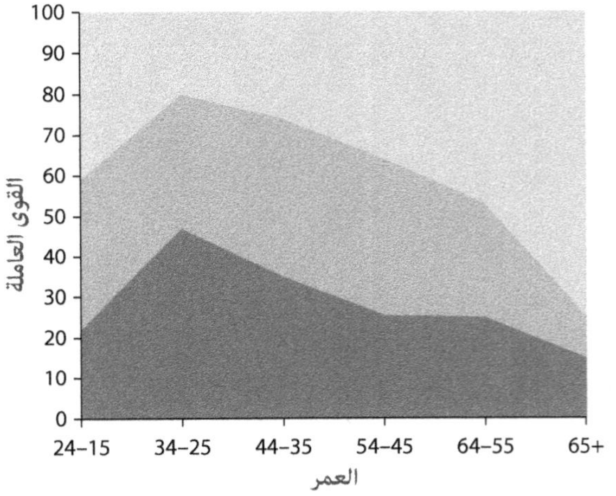

تعليم عال ما بعد الثانوي والجامعي

ثانوية بما في ذلك الإعدادية   ابتدائية أو أقل

المصدر: حسابات خبراء البنك الدولي ومصلحة الإحصاء والتعداد، واستقصاء القوى العاملة الليبي 2012.

الشكل 2-3   الأيدي العاملة حسب المستوى التعليمي: مقارنات دولية

في المائة

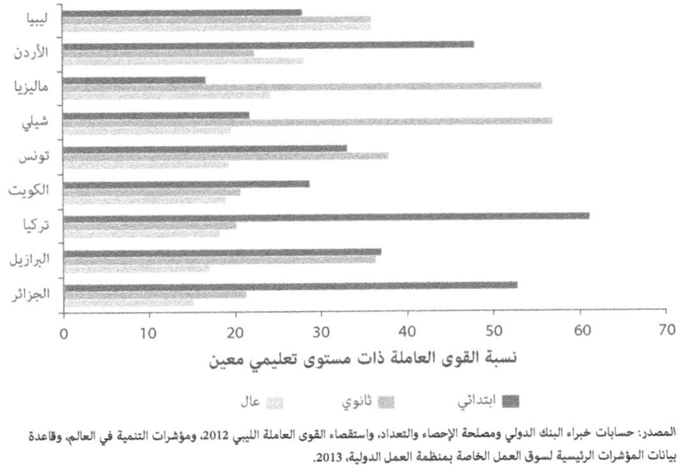

المصدر: حسابات خبراء البنك الدولي ومصلحة الإحصاء والتعداد، واستقصاء القوى العاملة الليبي 2012، ومؤشرات التنمية في العالم، وقاعدة بيانات المؤشرات الرئيسية لسوق العمل الخاصة بمنظمة العمل الدولية، 2013.
http://www.ilo.org/empelm/what/WCMS_114240/lang--en/index.htm.

وأعطت الثورة في ليبيا دفعة قوية للميليشيات العسكرية التي كانت تقدم مزايا كبرى للعاطلين عن العمل. فأثناء الصراع، التحق قرابة 300 ألف مواطن ليبي بمثل تلك التنظيمات غير الرسمية ليقوموا بطائفة عريضة من الأدوار القتالية، وكان أكثرهم من الذكور. ويظهر الشكل 2-5، الذي يعكس بيانات مأخوذة عن استقصاء هيئة شؤون المحاربين الذي شمل 225 ألفاً ممن شاركوا في الصراع، مدى تنوع خلفيات أولئك المحاربين. ومن الجدير بالملاحظة أن نسبة كبيرة من هؤلاء الذين شاركوا في الصراع كانوا من العاطلين عن العمل. وتدل هذه الحقيقة على أن التنظيمات الأمنية الرسمية وغير الرسمية ربما تكون قد وفرت فرص عمل مؤقتة لليبيين الذين ربما لم يفلحوا في سوق العمل فيما سبق بسبب الافتقار إلى المهارات وإلى الدافع. ومن بين الباحثين عن عمل البالغ عددهم 225 ألفاً الذين كانوا مسجلين لدى هيئة شؤون المحاربين في أوائل عام 2012، صَنَّف حوالي 32 في المائة أنفسهم بوصفهم عاطلين عن العمل و 14 في المائة بوصفهم عمالة حرة.

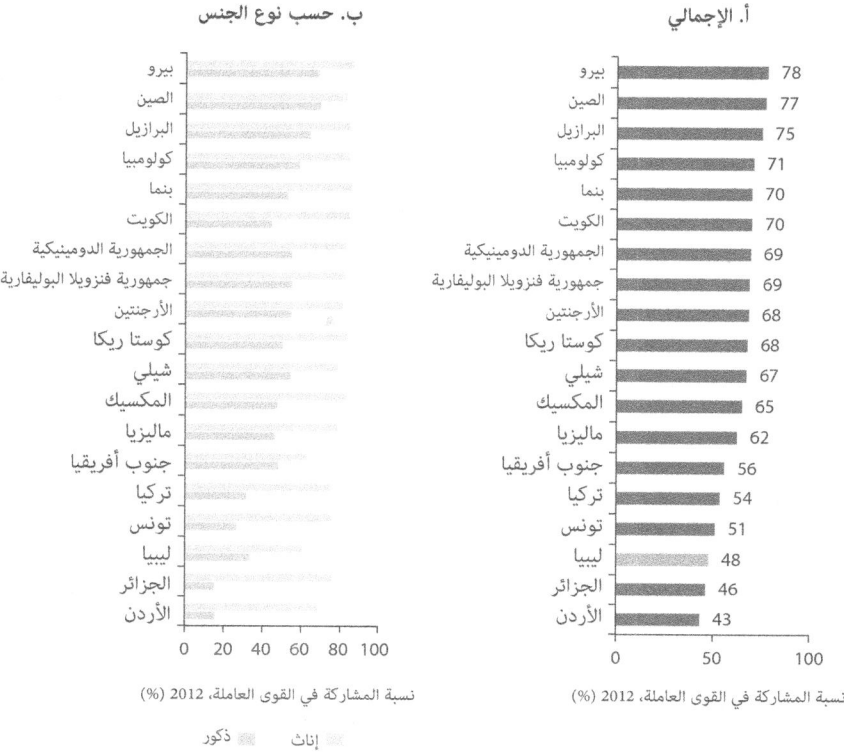

الشكل 2-4 معدل المشاركة في الأيدي العاملة، 2012

في المائة

أ. الإجمالي
ب. حسب نوع الجنس
بيرو 78
الصين 77
البرازيل 75
كولومبيا 71
بنما 70
الكويت 70
الجمهورية الدومينيكية 69
جمهورية فنزويلا البوليفارية 69
الأرجنتين 68
كوستا ريكا 68
شيلي 67
المكسيك 65
ماليزيا 62
جنوب أفريقيا 56
تركيا 54
تونس 51
ليبيا 48
الجزائر 46
الأردن 43
نسبة المشاركة في القوى العاملة، 2012 (%)
إناث
ذكور

المصدر: حسابات خبراء البنك الدولي ومصلحة الإحصاء والتعداد، واستقصاء القوى العاملة الليبي 2012، ومؤشرات التنمية في العالم، وقاعدة بيانات المؤشرات الرئيسية لسوق العمل الخاصة بمنظمة العمل الدولية، 2013.

أين الوظائف؟

تعمل الغالبية العظمي من المشتغلين في ليبيا بالقطاع العام (84 في المائة في عام 2012)، وهي نسبة تُعد مرتفعة حتى بالمقاييس الإقليمية (انظر الشكل 2-6)، بل تزداد النسبة ارتفاعاً بين الإناث. فسبعة وتسعون في المائة من كافة النساء العاملات يعملن بالقطاع العام، في مقابل 79 في المائة للذكور (انظر الشكل 2-7). ولا تمثل هذه الأرقام مفاجأة بالنظر إلى هيكل الاقتصاد الليبي الذي تهيمن عليه المؤسسات المملوكة للدولة وقطاع النفط الذي تعمل به نسبة متدنية نسبياً من الأيدي العاملة. وفضلاً عن ذلك، فإن نسبة العمالة الحرة في ليبيا، التي تُقدَر بنحو 6.8 في المائة، تقل كثيراً عما نراه في بلدان المغرب العربي المجاورة (26.1 في المائة).

وإذا ما قورنت بالمتوسط السائد في منطقة الشرق الأوسط وشمال أفريقيا وغيرها من البلدان متوسطة الدخل، فإن معدلات العمل بالصناعة والزراعة في ليبيا تقل كثيراً (انظر الشكلين 2-8 و 2-9). ولا يمثل هذان القطاعان سوى 9 في المائة و 1 في المائة فقط من الأيدي العاملة، على الترتيب. وفي عام 1986، بلغ عدد العاملين بقطاع الصناعة نحو 30 في المائة من الأيدي العاملة؛ وفي عام 2012، كانت هذه النسبة لا تزيد على 9 في المائة. وأثناء الفترة نفسها، هوت نسبة العاملين بالزراعة من 20 في المائة إلى 1 في المائة فقط. وفي تناقض صارخ مع ذلك، قفزت نسبة العمالة بالخدمات (ومعظمها بالقطاع العام) إلى أكثر من 70 في المائة من الأيدي العاملة النشطة اليوم.

عقود العمل وتغطية الضمان الاجتماعي

يعمل غالبية الليبيين في العادة بعقود مفتوحة (غير محددة المدة). ويرجع هذا النمط في المقام الأول إلى هيمنة القطاع العام بوصفه جهة العمل الأولى، حيث يعمل 94 في المائة من موظفي الدولة بعقود مفتوحة، في مقابل 81 في المائة من الأيدي العاملة بالقطاع

الشكل 2-5   الباحثون عن العمل من المسجلين بهيئة شؤون المحاربين حسب الوضع الوظيفي قبل نشوب الصراع، 2012

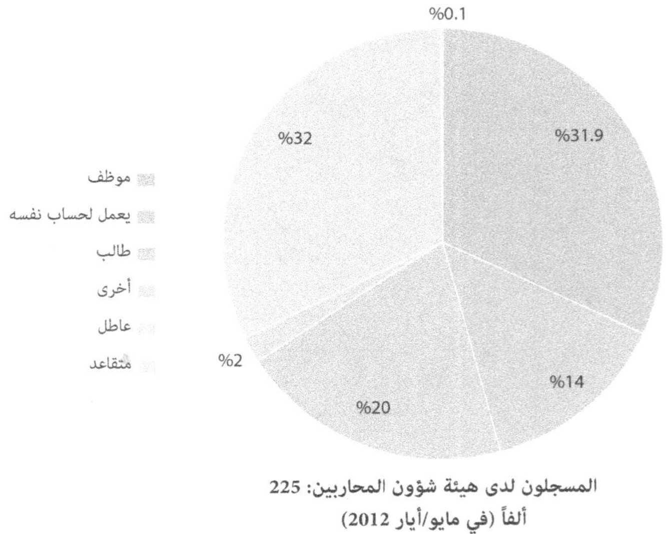

المسجلون لدى هيئة شؤون المحاربين: 225
ألفاً (في مايو/أيار 2012)

المصدر: اتصالات هيئة شؤون المحاربين، مايو/أيار 2012.

الشكل 2-6   الأيدي العاملة الليبية حسب الوظيفة (بالآلاف، وفي المائة)

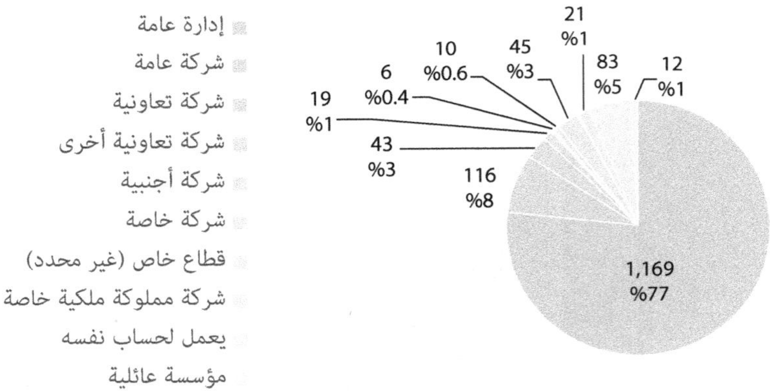

المصدر: حسابات خبراء البنك الدولي ومصلحة الإحصاء والتعداد، واستقصاء القوى العاملة الليبي 2012.

الخاص (انظر الشكل 2-10). ومن بين هذه الفئة الأخيرة، يقول 89 في المائة ممن تبلغ أعمارهم 45 سنة أو أكثر إن لديهم تعاقدات غير محددة المدة.

وتنخفض التقديرات إلى 67 في المائة بين الشباب. ويمكن أن يكون السبب وراء ارتفاع هذه النسب بين الشباب أشكالاً عدة من العمل الحر لحساب النفس أو العمل بعقود تدريبية قصيرة الأمد مثلما يقضي القانون الليبي، أو كليهما. وهذه الأخيرة قد تخلق حوافز للتوسع في "التدريب" باعتباره بديلاً للتوظيف الرسمي أو العقود أطول أمدا. وطبقاً لاستقصاء نوعي تم إجراؤه من أجل هذا التقرير، أفاد بعض موظفي الدولة بأنهم يعملون أيضاً لدى القطاع الخاص، سواء عمال برواتب دون تعاقدات أو لحساب أنفسهم.

وبوجه عام، يفيد 90 في المائة من الأيدي العاملة الليبية بأن لديهم شكلا ما من أشكال الضمان الاجتماعي، لكن الفارق هائل بين القطاعين العام والخاص (انظر الشكل 2-12). ومن أجل إجراء مقارنات دولية، يحتاج التعريف الدقيق لتغطية الضمان الاجتماعي في السياق الليبي إلى مزيد من التقصي. ففي حين تشمل التغطية 98 في المائة من العاملين بالقطاع العام، تنخفض

الشكل 2-7   توزيع الوظائف في ليبيا حسب نوع الجنس
في المائة

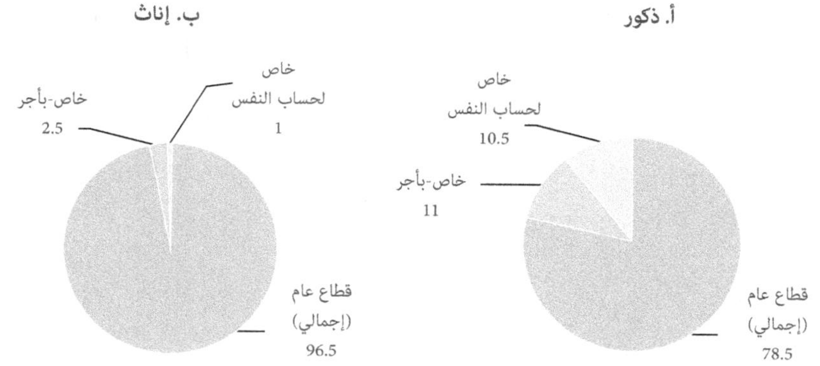

ب. إناث

أ. ذكور

خاص-بأجر
2.5

خاص
لحساب النفس
1

خاص
لحساب النفس
10.5

خاص-بأجر
11

قطاع عام
(إجمالي)
96.5

قطاع عام
(إجمالي)
78.5

المصدر: حسابات خبراء البنك الدولي ومصلحة الإحصاء والتعداد، واستقصاء القوى العاملة الليبي 2012.

الشكل 2-8   توزيع الوظائف حسب القطاع الاقتصادي
في المائة

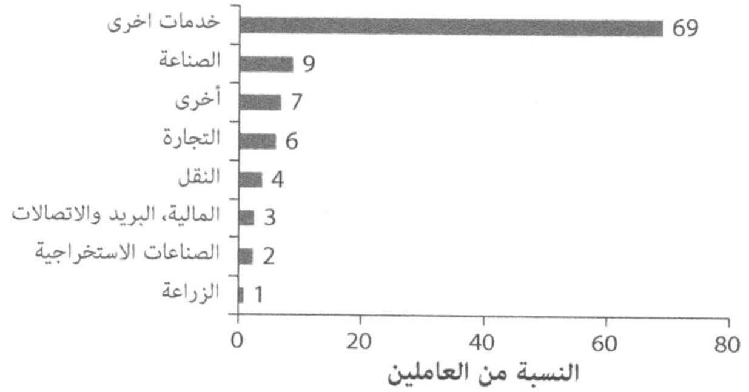

المصدر: حسابات خبراء البنك الدولي ومصلحة الإحصاء والتعداد، واستقصاء القوى العاملة الليبي 2012.

النسبة في القطاع الخاص إلى حوالي النصف حيث لا تزيد على 46 في المائة. وتشير بيانات الفروق الضريبية (tax wedge) المفروضة[8] إلى أن ليبيا بشكل عام تأتي في مرتبة متدنية في هذا الصدد (انظر الشكل 2-11). ويلزم الحصول على بيانات إضافية لتقييم الفروق الضريبية على نحوٍ أفضل.

وتفيد الفئات العمرية التي لديها أقل مستويات عقود العمل المفتوحة أنها تتمتع في العادة بأقل معدلات تغطية الضمان الاجتماعي (انظر الشكل 2-12). كما يفيد الأفراد في الشريحة العمرية 15 – 34 عاما، والذين يشكلون ما بين 37 و 39 في المائة، أنهم يتمتعون بأقل معدلات من التغطية. وتزيد النسبة تدريجيا لتصل إلى 66 في المائة بين من تتراوح أعمارهم بين 55 و 64 سنة. وتنخفض النسبة ثانيةً إلى 41 في المائة بين البالغين من العمر 65 سنة أو أكثر، مما يوحي بضعف الضمان الاجتماعي بين العاملين المتقاعدين من القطاع "الخاص". ولم تكن البيانات المتعلقة بأنشطة الاقتصاد غير الرسمي متاحة وقت كتابة التقرير، لكن هذه البيانات تشير بوجه عام إلى أن قرابة 5 في المائة ممن يعملون اليوم في ليبيا ليس لديهم وضع رسمي (مما يعني أنهم غير مشتركين في تغطية الضمان الاجتماعي). ويرجع ذلك بصورة عامة إلى النسبة الكبيرة للعمالة غير الرسمية بالقطاع الخاص.

الأجور والدخل

يظهر توزيع الأجور أن متوسط الأجر يبلغ قرابة 791 ديناراً ليبياً في الشهر، أي ما يعادل 7474 دولاراً أمريكياً في السنة، وهو ما يعززه الدعم الحكومي الكبير للوقود والغذاء والمزايا (انظر الشكلين 2-13 و 2-14). ويتفاوت متوسط الأجور من 597 ديناراً ليبياً لدى شركات

الشكل 2-9   توزيع الوظائف في القطاعات الرئيسية: مقارنات دولية، 2012

في المائة

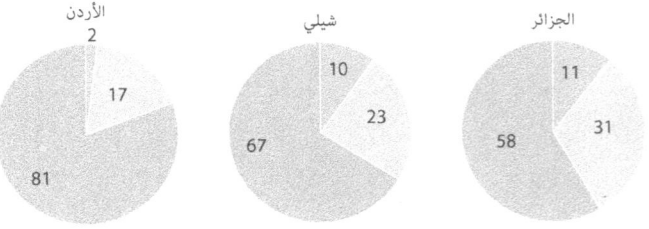

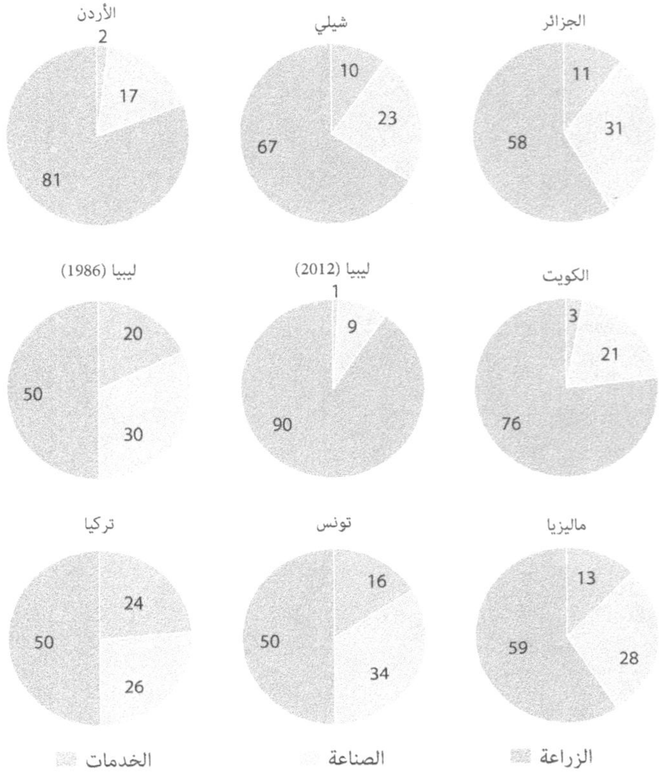

الأردن

2
17
81

شيلي

10
23
67

الجزائر

11
31
58

ليبيا (1986)

20
50
30

ليبيا (2012)

1
9
90

الكويت

3
21
76

تركيا

24
50
26

تونس

16
50
34

ماليزيا

13
59
28

▥ الخدمات   ▨ الصناعة   ▨ الزراعة

المصدر: حسابات خبراء البنك الدولي ومصلحة الإحصاء والتعداد، واستقصاء القوى العاملة الليبي 2012، ومؤشرات التنمية في العالم، وقاعدة بيانات المؤشرات الرئيسية لسوق العمل الخاصة بمنظمة العمل الدولية.

الشكل 2-10   نوع عقود العمل حسب القطاع والعمر

ب. القطاع الخاص   أ. القطاع العام

نسبة العمالة (%)

▥ عقود غير محددة المدة   ▨ محددة

المصدر: حسابات خبراء البنك الدولي، واستقصاء القوى العاملة الليبي 2012.

الشكل 2-11 الفروق الضريبية: مقارنات دولية

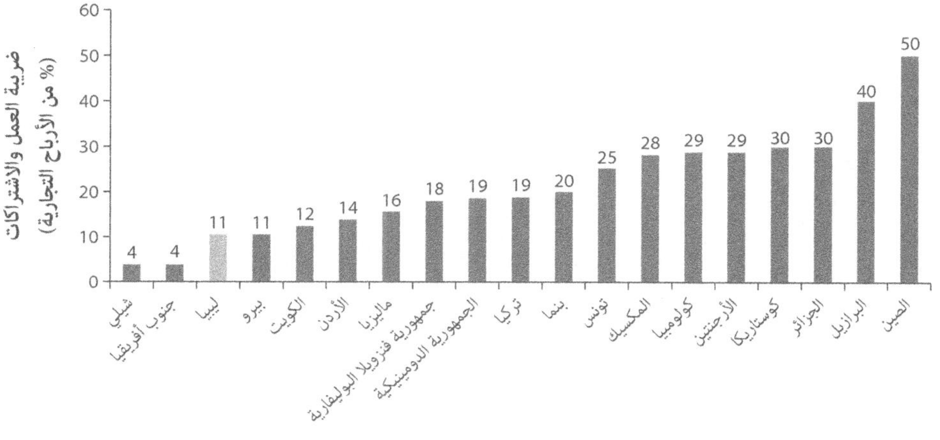

المصدر: حسابات خبراء البنك الدولي ومصلحة الإحصاء والتعداد، واستقصاء القوى العاملة الليبي 2012، ومؤشرات التنمية في العالم، وقاعدة بيانات المؤشرات الرئيسية لسوق العمل الخاصة بمنظمة العمل الدولية.

الشكل 2-12 تغطية الضمان الاجتماعي حسب القطاع والعمر

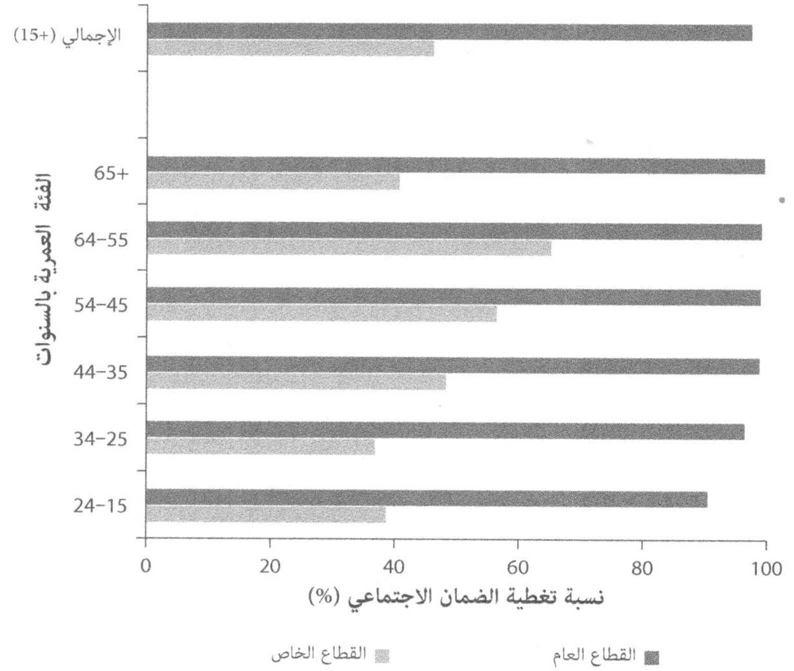

القطاع العام
القطاع الخاص

المصدر: حسابات خبراء البنك الدولي ومصلحة الإحصاء والتعداد، واستقصاء القوى العاملة الليبي 2012، ومؤشرات التنمية في العالم، وقاعدة بيانات المؤشرات الرئيسية لسوق العمل الخاصة بمنظمة العمل الدولية.

القطاع الخاص إلى 1195 ديناراً لدى الشركات الأجنبية (أي ما يعادل 5641 إلى 11291 دولاراً أمريكياً في السنة). وعلى النقيض من ذلك، يحصل موظفو الدولة العاملون بالإدارة العامة الليبية في العادة على 755 ديناراً ليبياً في الشهر (7134 دولاراً أمريكياً في السنة)، والموظفون العاملون بالمؤسسات المملوكة للدولة في المتوسط على 934 ديناراً ليبياً في الشهر (8825 دولاراً أمريكياً في السنة)، أي بزيادة نسبتها 24 في المائة.

الشكل 13-2   التوزيع العام للأجور في ليبيا

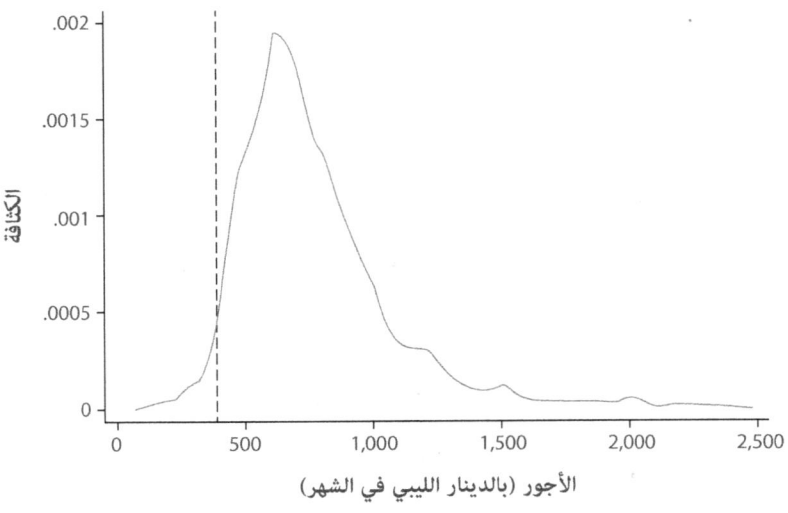

المصدر: حسابات خبراء البنك الدولي ومصلحة الإحصاء والتعداد، واستقصاء القوى العاملة الليبي 2012.

الشكل 14-2   توزيع الأجور حسب القطاع في ليبيا

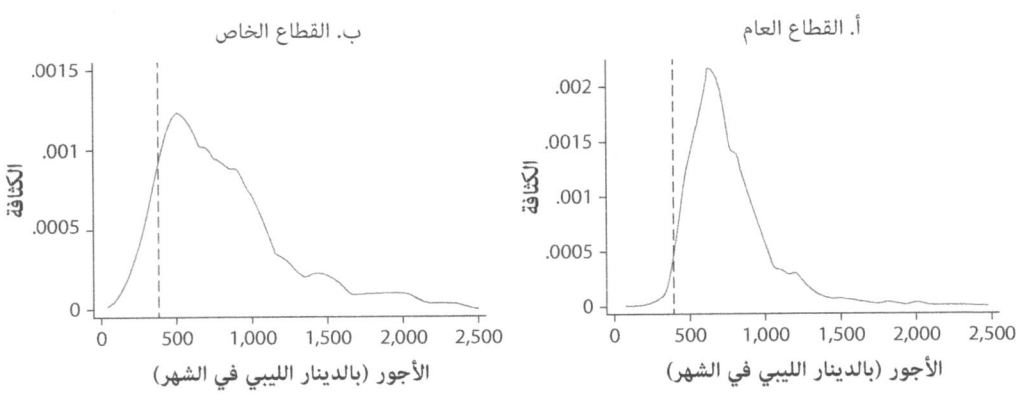

المصدر: حسابات خبراء البنك الدولي، واستقصاء القوى العاملة الليبي 2012.

وبسبب أوجه القصور التي شابت البيانات المتاحة، يصعب عقد مقارنات للأجور بين القطاعين العام والخاص بدرجة عالية من الثقة. وبالمقارنة بشركات القطاعين العام والأجنبي، فإن الشركات الخاصة المحلية عادة ما تمنح أدنى الأجور (انظر الشكل 15-2).

ويتطلب تقدير العائد الاقتصادي للتعليم توفّر المزيد من البيانات الدقيقة، لكن الاتجاهات العامة توحي أولاً بأن التعليم الجامعي يرجع على صاحبه بعائد إضافي متواضع مقارنة بالتعليم الثانوي، ولاسيما في القطاع الخاص. وبوجه عام، يحصل خريجو الجامعات في العادة على أجر يزيد 12 في المائة عن خريجي المدارس الثانوية، وهو ما يمكن تقسيمه إلى 21 في المائة زيادة في القطاع الخاص و 11 في المائة زيادة في القطاع العام (انظر الشكل 16-2).

وعلى كافة مستويات التعليم، ترتفع مستويات الدخل 17 في المائة في المتوسط بالقطاع الخاص أكثر منها بالقطاع العام، ولاسيما بين خريجي الجامعات (انظر الشكل 17-2). غير أن هذه الاتجاهات، مثلما سلف الذكر، تشير إلى وجود تباين بين القطاعين "العام" و "الخاص" في ليبيا، وإن كان التمييز بينهما ليس بهذا الوضوح دائماً.

ديناميكيات سوق العمل في ليبيا • 5-0714-4648-1-978   http://dx.doi.org/10.1596/978-1-4648-0714-5

الشكل 2-15 متوسط أجر الفرد حسب الفئة المهنية والحصة النسبية

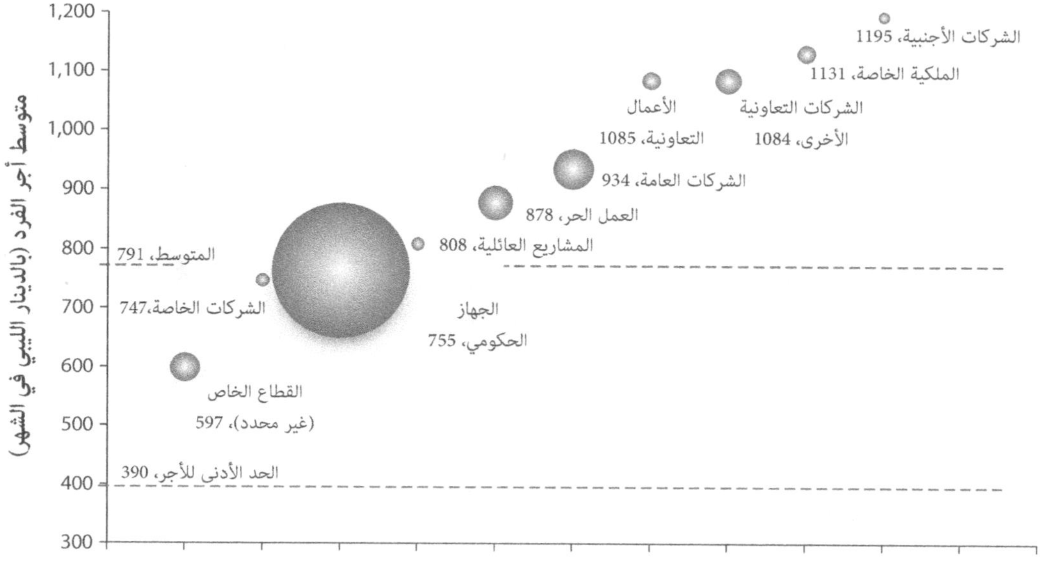

المصدر: حسابات خبراء البنك الدولي، واستقصاء القوى العاملة الليبي 2012.

الشكل 2-16 علاوات أجور التعليم الجامعي في مقابل الثانوي حسب نوع الجنس والقطاع

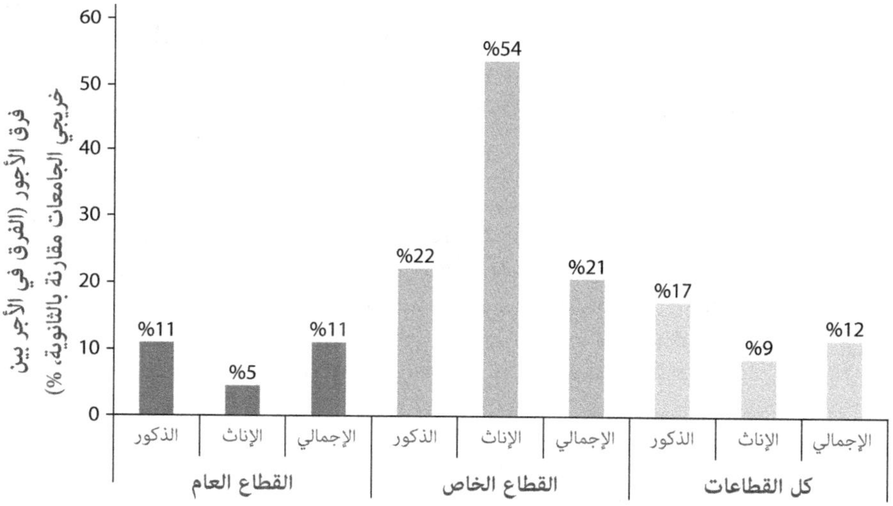

10
0
%5
%9

المصدر: حسابات خبراء البنك الدولي، واستقصاء القوى العاملة الليبي 2012.

وغالبا ما تكون أجور الإناث الحاصلات على شهادة ثانوية أعلى ثلاث مرات في القطاع العام منها في القطاع الخاص. غير أنه يتعين النظر في هذه البيانات بحذر في ضوء صعوبة تقييم العائد التعليمي حسب نوع الجنس بسبب صغر حجم العينة بالقطاع الخاص. وتحصل الإناث من خريجات الجامعات في الغالب على أجر يقل 18 في المائة عن نظرائهن من الذكور بالقطاع العام، ويقل 11 في المائة بالقطاع الخاص. وتكسب الإناث من خريجات المدارس الثانوية دخلاً يقل بنسبة 30 في المائة عن نظرائهن من الذكور في القطاع الخاص، و 10 في المائة في

ديناميكيات سوق العمل في ليبيا • http://dx.doi.org/10.1596/978-1-4648-0714-5

الشكل 2-17 فوارق الأجر بين القطاعين الخاص والعام حسب المستوى التعليمي

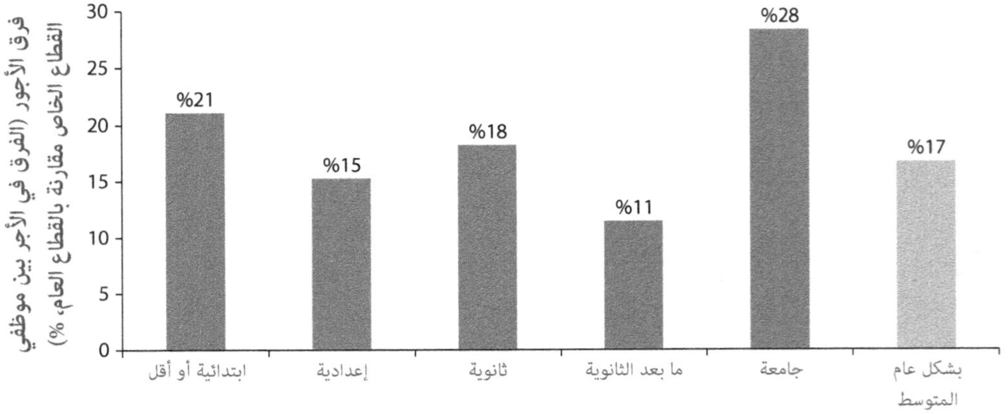

المصدر: حسابات خبراء البنك الدولي، واستقصاء القوى العاملة الليبي 2012.

القطاع العام. أما داخل القطاع العام، فعلى الرغم من أن المقابلات النوعية مع الإدارة العامة تشير إلى أن الأجور ثابتة حسب الدرجة بغض النظر عن الجنس، فإن هذه البيانات توحي بأن ممارسات التعيين والتوظيف قد تعكس فوارق في الأجر. فعلى سبيل المثال، تزيد احتمالات وجود نساء بمناصب الدرجات الوظيفية الأدنى عنها بالدرجات الأعلى. كما أن هذه البيانات توحي أيضاً بأن عائد التعليم يرجع بالفائدة في المقام الأول على خريجات الجامعة من الإناث بالقطاع الخاص أكثر من أية فئة أخرى. إلا أن الأمر يتطلب مزيداً من البيانات لكي يتسنى تقييم هذه الاتجاهات بدقة أكبر.

وبشكل عام، يقل دخل النساء عادةً بنسبة 12 في المائة عن الرجال في ليبيا—وهي نتيجة مستخلصة أساساً من وجود فارق نسبته 7 في المائة بالإدارة العامة و 20 في المائة بالمؤسسات المملوكة للدولة. ويمكن التعويل على تقديرات فروق الأجور حسب نوع الجنس بالقطاع العام أكثر مما يمكن بالقطاع الخاص نظراً لقلة بيانات القطاع الأخير. وتشير الاتجاهات إلى أن الذكور يكسبون أكثر من الإناث لدى الشركات الخاصة المحلية إلا أن النساء يكسبن أكثر إلى حد ما من الرجال في حالتي العمل الحر والعمل بشركات أجنبية. ويمكن إرجاع هذه الاختلافات إلى تحيز في الاختيار الذاتي. وبتعبير آخر، فإن النساء القلائل اللائي يخترن العمل خارج القطاع العام قد يمتلكن مهارات أو قدرات أو صلات خاصة تميزهن عن نظرائهن من الرجال، وأكثرهن يوجدن في القطاع الخاص.

ومثلما لوحظ في بلدان أخرى، فإن خريجي الجامعات الليبيين يكسبون عادةً أكثر من نظرائهم من غير الخريجين. ويلزم توفّر المزيد من البيانات للتأكد من هذه العائدات بشكل أكثر تفصيلاً، ولاسيما بالنظر لأن ليبيا لديها أحد أعلى معدلات البطالة مقارنة بنسبة الالتحاق بالتعليم العالي. وهذه النتيجة تشير إلى أن نوعية التعليم، ومن ثم عائداته، قد تكون دون المتوسط.

وكذلك تنتشر البطالة المقنّعة في ليبيا، ولاسيما بين الذكور والشباب. ويفيد 82 في المائة من الأفراد الموظفين بأنهم يعملون لمدة تتراوح بين 40 و 48 ساعة في الأسبوع. وتفيد نسبة 30 في المائة من الأيدي العاملة النشطة بأنهم لا يعملون بكل طاقتهم. ومن بين أولئك الذين يريدون ساعات عمل أكثر، فإن الذكور يشكلون 37 في المائة، في حين تشكل الإناث 17 في المائة (انظر الشكل 2-18). كما ترتفع نسب البطالة المقنعة إلى حد ما في القطاع العام، ولاسيما بين من تتراوح أعمارهم بين 45 و 54 سنة، وهم الذين لديهم عادةً أكبر نسبة من عقود العمل غير محددة المدة، ولا يزيد عنهم إلا من تتراوح أعمارهم بين 55 و 64 سنة.

من هم العاطلون عن العمل وأين هم؟

في أعقاب ثورة عام 2011، ارتفعت البطالة في ليبيا ارتفاعا مطردا لتصل إلى 19.0 في المائة، أي 358300 فرد، في عام 2012، ارتفاعاً من نحو 13.5 في المائة عام 2010. ويُعد معدل البطالة في ليبيا من أعلى المعدلات بين البلدان متوسطة الدخل. وتقل نسبة البطالة في ليبيا عنها في جنوب أفريقيا (25 في المائة)، وتقارب النسبة في تونس (18 في المائة) لكنها تبلغ ضعف مثيلتها في تركيا (9 في المائة) (انظر الشكل 2-19).

وكما هو الحال في معظم بلدان منطقة الشرق الأوسط وشمال أفريقيا، ترتفع نسبة البطالة بين الإناث عنها بين الذكور— 25 في المائة مقابل 16 في المائة عام 2012 (انظر الشكل 2-20). وكما هو الحال في بلدان منطقة الشرق الأوسط وشمال أفريقيا الأخرى، تُعد هذه

الشكل 2-18 توزيع معدلات البطالة الجزئية بين مختلف الأعمار حسب نوع الجنس والقطاع

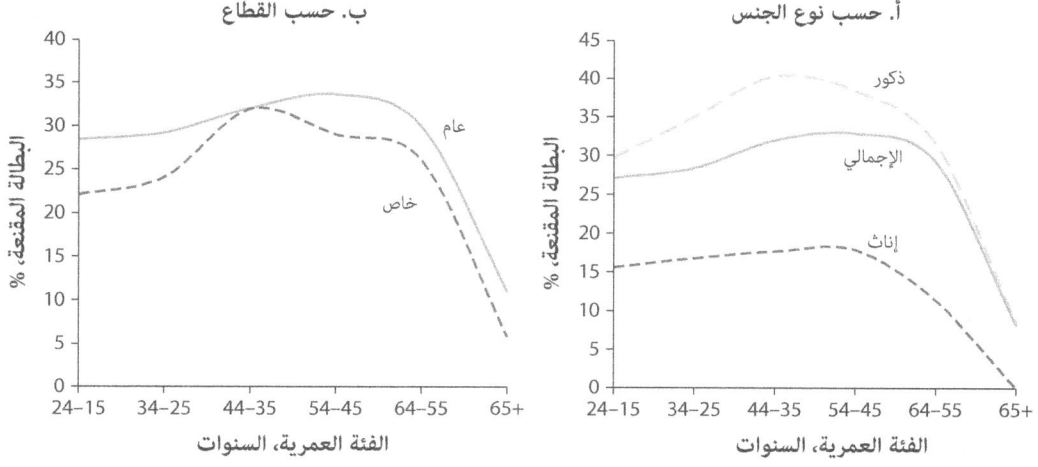

أ. حسب نوع الجنس
ب. حسب القطاع
عام

المصدر: حسابات خبراء البنك الدولي، واستقصاء القوى العاملة الليبي 2012.
ملاحظة: الحسابات قائمة على النسبة المئوية للمشاركين الذين "يريدون ساعات عمل أكثر".

الشكل 2-19 معدل البطالة، الكلي وحسب نوع الجنس: مقارنات دولية
في المائة

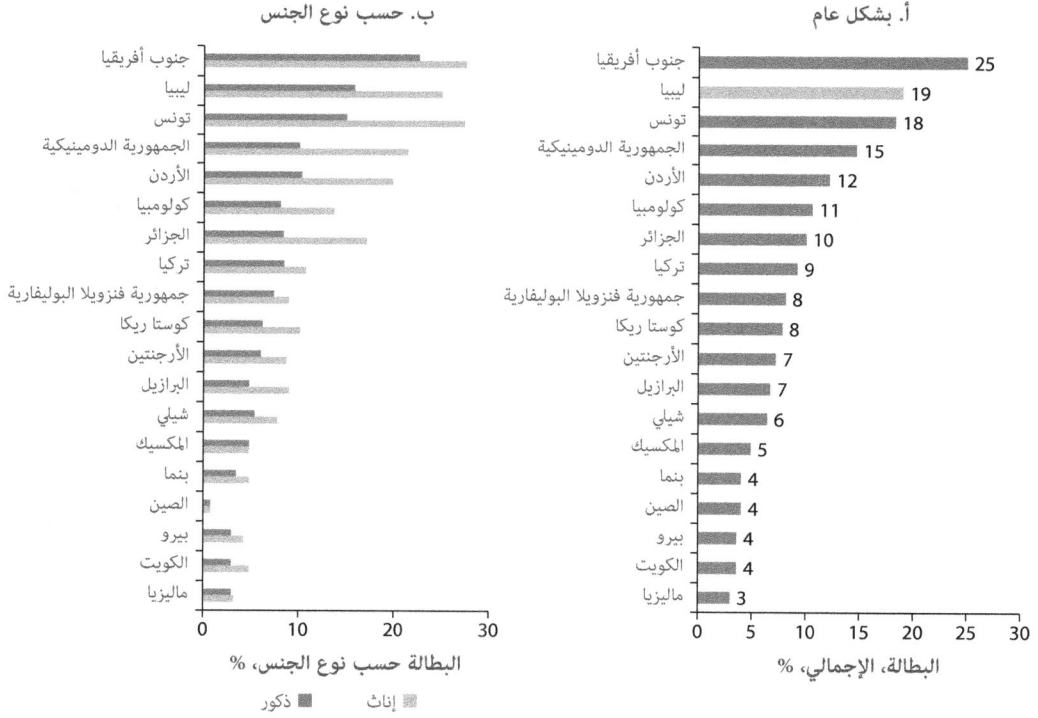

أ. بشكل عام
ب. حسب نوع الجنس
البطالة حسب نوع الجنس، %

المصدر: حسابات خبراء البنك الدولي ومصلحة الإحصاء والتعداد، استقصاء القوى العاملة الليبي 2012، ومؤشرات التنمية في العالم، وقاعدة بيانات المؤشرات الرئيسية لسوق العمل الخاصة بمنظمة العمل الدولية، 2013.

الشكل 2–20 معدل البطالة حسب العمر ونوع الجنس

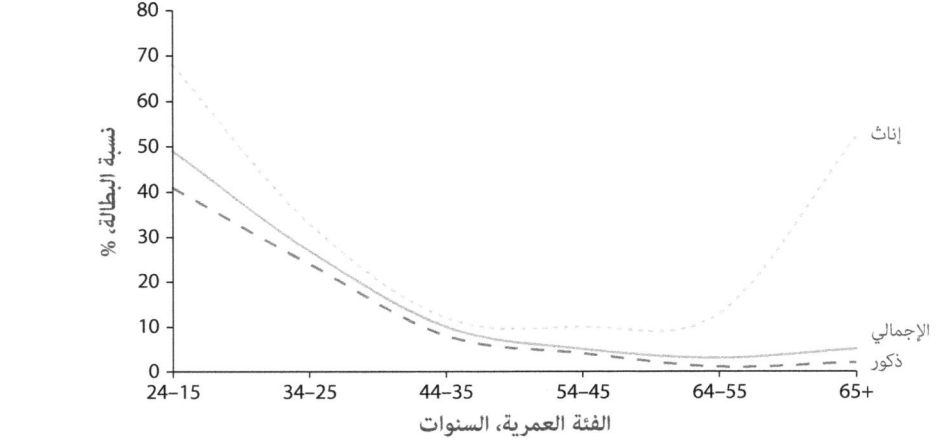

المصدر: حسابات خبراء البنك الدولي ومصلحة الإحصاء والتعداد، واستقصاء القوى العاملة الليبي 2012.

التفرقة بين الجنسين في سوق العمل الليبية على الأرجح من نتائج تدني القدرة على الانتقال من عمل لآخر بين الإناث؛ وتفضيل الوظائف بالقطاع العام، وهي الوظائف التي تأتي بمزايا سخية بخلاف الأجور مثل تلك الخاصة بالأمومة؛ وعوامل أخرى تتعلق بتأخر نمو الوظائف بالقطاع الخاص.

وبشكل عام، تتباين نسب البطالة في ليبيا أيضاً تبايناً واسعاً من منطقة إلى أخرى، ولاسيما في المنطقة الغربية من البلاد. إذ ترتفع معدلات البطالة بشكل عام في النصف الغربي من ليبيا، بما في ذلك طرابلس ومصراتة، وذلك مقارنة ببنغازي (انظر الشكل 2–21). ولابد من توفُّر بيانات إضافية كي يتسنى تقييم العوامل الكامنة التي ربما تكون قد أسهمت في التباينات فيما بين المناطق فيما يتعلق بنسب البطالة.

وتشير بيانات وزارة العمل والتأهيل إلى أنه في عام 2013 كان هناك 400 ألف شخص مسجلون باعتبارهم باحثين عن عمل، وبينهم عاملون وعاطلون عن العمل. ومن بين هؤلاء كان عدد العاطلين عن العمل يُقدر بنحو 290 ألفاً. ومن المهم ملاحظة أن الأرقام المتعلقة بإجمالي عدد المشاركين في الأيدي العاملة، والبطالة، والبطالة المقنعة، ليست بالضرورة هي نفسها أرقام الباحثين عن عمل ممن يسجلون أنفسهم متطلعين إلى الحصول على إعانة بطالة. ويمثل التسجيل الطلب على الخدمات، وليس بالضرورة حجم البطالة في حد ذاتها. فالطلب قد يتجاوز، أو يعادل، أو يقل عن المستوى الفعلي للبطالة في بلد ما، تبعاً لحوافز السعي للحصول على خدمات وغير ذلك من العوامل التي قد تدفع كلاً ممن يعملون ومن لا يعملون إلى السعي للحصول على مساندة الحكومة.

ودونما تعويض عن العوامل الأخرى، تعد البطالة، رغم عدم رصد فوارق ملموسة في معدلاتها تبعاً للمستوى التعليمي بين الذكور، مرتفعة بين المستويات التعليمية الأدنى (الابتدائية أو أقل) (انظر الشكل 2–21). وفي الوقت نفسه، فإن البطالة بين الإناث الحاصلات على شهادة جامعية، ونسبتها 25 في المائة، لا تزال مرتفعة في ليبيا بالمقارنة بغيرها من البلدان متوسطة الدخل. وربما تعكس هذه الأنماط قلة الوظائف المتاحة للإناث الليبيات غير الماهرات أو ضعف استعداد الليبيات، مقارنة بالذكور، لقبول وظائف متدنية المهارة.

وبشكل عام، فإن معدلات البطالة ترتفع بشكل خاص في ليبيا مترافقة مع ارتفاع معدل الالتحاق بالتعليم العالي—وهو فيما يبدو أمر ينطوي على تناقض (انظر الشكل 2–22). إلا أن هناك زيادة تدريجية ملحوظة في التحاق الإناث بالتعليم العالي مقارنة بالذكور بمرور الوقت، وهو ما قد يمثل دلالة على عوامل اجتماعية أوسع نطاقاً (انظر الشكل 2–23).

وتُعد نسبة البطالة بين الشباب في ليبيا، والتي تُقدَر بنحو 48 في المائة، مرتفعة بشكل خاص مقارنةً بغيرها من بلدان منطقة الشرق الأوسط وشمال أفريقيا والبلدان متوسطة الدخل (انظر الشكل 2–24). وترتفع نسبة البطالة بين الفئة العمرية من 25 إلى 34 سنة مقارنة بالمتوسط الوطني البالغ 19 في المائة. وبعد سن 35 عاماً، تهبط البطالة 67 في المائة، وذلك من 27.3 في المائة إلى 9.5 في المائة بالنسبة لمن تتفاوت أعمارهم من 35 إلى 44 سنة، ثم إلى 5.2 في المائة فقط لمن تتفاوت أعمارهم من 45 إلى 54 سنة. وربما تدل أنماط البطالة المذكورة على بطء وضعف كفاءة الانتقال من مرحلة الدراسة إلى العمل بالنسبة للشباب وطول الانتظار للحصول على وظائف بالقطاع العام. وفضلاً عن ذلك، فإن عددا كبيراً من الشباب، يُقدَر بنحو 207 آلاف شاب (من بينهم 112 ألف أنثى)، ليسوا ملتحقين بأي تعليم أو تدريب، مما يزيد أكثر من احتمالات تكبد تكلفة اجتماعية سلبية ترتبط بالإحباط والحيرة وضبابية الأوضاع الاقتصادية بين الشباب.

الخريطة 1-2   معدل البطالة في ليبيا حسب المحافظات
في المائة

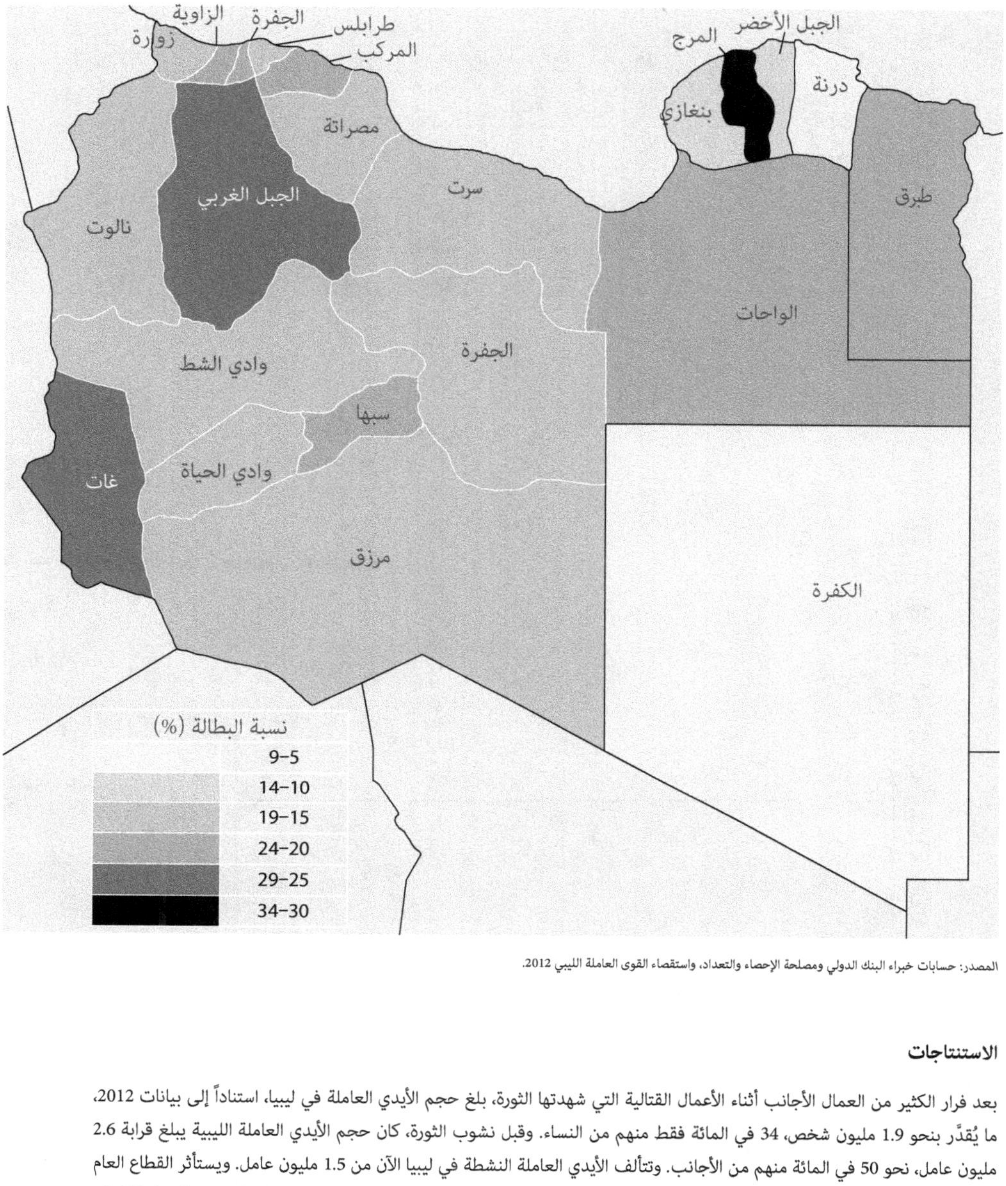

نسبة البطالة (%)

5–9
10–14
15–19
20–24
25–29
30–34

المصدر: حسابات خبراء البنك الدولي ومصلحة الإحصاء والتعداد، واستقصاء القوى العاملة الليبي 2012.

الاستنتاجات

بعد فرار الكثير من العمال الأجانب أثناء الأعمال القتالية التي شهدتها الثورة، بلغ حجم الأيدي العاملة في ليبيا، استناداً إلى بيانات 2012، ما يُقدّر بنحو 1.9 مليون شخص، 34 في المائة فقط منهم من النساء. وقبل نشوب الثورة، كان حجم الأيدي العاملة الليبية يبلغ قرابة 2.6 مليون عامل، نحو 50 في المائة منهم من الأجانب. وتتألف الأيدي العاملة النشطة في ليبيا الآن من 1.5 مليون عامل. ويستأثر القطاع العام بالغالبية العظمى (84 في المائة) من العاملين في ليبيا — وهو عدد كبير حتى بالمقاييس الوطنية — ويزداد ارتفاعه بين النساء (93 في المائة). ونتيجة لذلك، فإن العمالة بمجال الصناعة (وفي المقام الأول منه قطاع النفط) والزراعة لا تتجاوز 10 في المائة فقط من حجم الأيدي العاملة— وهي نسبة لا تتجاوز 20 في المائة مما كان قائماً قبل 30 سنة. ونظراً لهيمنة القطاع العام بوصفه جهة العمل الرئيسية، يرتفع مستوى الأمن الوظيفي، ولاسيما بين من تبلغ أعمارهم 45 سنة فأكثر، الذين يعملون عادةً بعقود غير محددة المدة. وعلاوة على ذلك، فإن العاملين بالقطاع العام يتمتعون كلهم تقريباً بشكل أو بآخر بتغطية الضمان الاجتماعي. وعلى النقيض من ذلك، فإن نسبة من تشملهم مظلة التأمين من العاملين بالقطاع الخاص لا تزيد عن 46 في المائة —وهو فارق كبير. وتعزز الأجور في ليبيا طائفة من أنواع الدعم الذي تقدمه الدولة للوقود والغذاء والمزايا الوظيفية.

http://dx.doi.org/10.1596/978-1-4648-0714-5 • ديناميكيات سوق العمل في ليبيا

الشكل 2-21   معدل البطالة في ليبيا حسب نوع الجنس والمستوى التعليمي

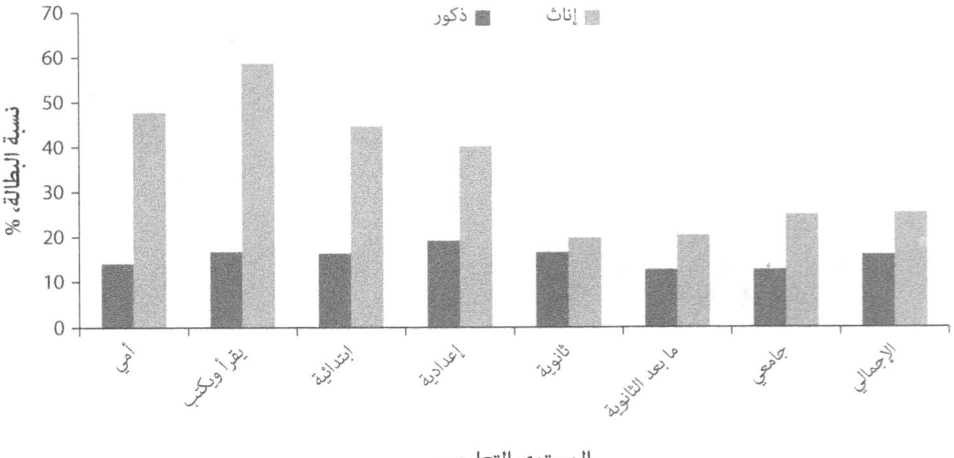

المصدر: حسابات خبراء البنك الدولي ومصلحة الإحصاء والتعداد، واستقصاء القوى العاملة الليبي 2012.

الشكل 2-22   معدل البطالة حسب الالتحاق بالتعليم العالي: مقارنات دولية

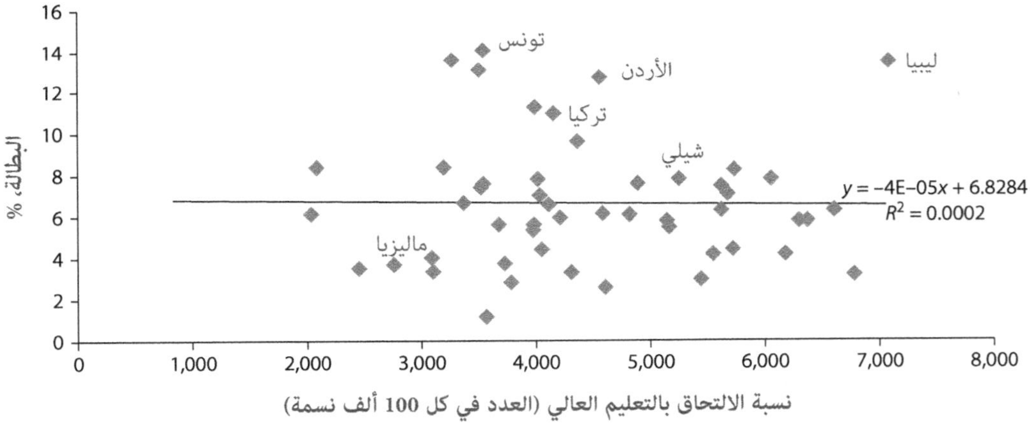

$$y = -4E{-}05x + 6.8284$$
$$R^2 = 0.0002$$

المصدر: حسابات خبراء البنك الدولي ومصلحة الإحصاء والتعداد، واستقصاء القوى العاملة الليبي 2012، ومؤشرات التنمية في العالم، وقاعدة بيانات المؤشرات الرئيسية لسوق العمل الخاصة بمنظمة العمل الدولية 2013.
ملاحظة: أحدث البيانات عن التعليم في ليبيا هي لعام (2013).

وتعاني ليبيا من أحد أعلى معدلات البطالة في العالم إذا ما قيست على معدل الالتحاق بالتعليم العالي لديها، وهو ما يسلط الضوء على كلٍ من ضعف الطلب على الأيدي العاملة وعدم تناسب المهارات. وقد زادت البطالة من 13.5 في المائة عام 2010 إلى 19.0 في المائة عام 2012. وفي ذلك العام الأخير قُدرت نسبة البطالة بين الشباب بحوالي 48 في المائة والبطالة بين الإناث بحوالي 25 في المائة. وبالنظر إلى تضخم القطاع العام وقلة الخيارات المتاحة بالقطاع الخاص، فإن هذه الأنماط تعكس على الأرجح قلة الوظائف المتاحة لليبيين سواء كانوا من العمال المهرة أم غير المهرة، والانتظار لفترة طويلة للحصول على وظائف بالقطاع العام، وضعف كفاءة الانتقال من مرحلة الدراسة إلى العمل، وضعف استعداد الليبيين لقبول وظائف بعينها. وقد أظهر تقييم مناخ الاستثمار لعام 2012 أن 30 في المائة من الشركات تشكو من صعوبات في توظيف المواطنين الليبيين. ولكي يتقدم الليبيون إلى الأمام، سيكون من المحتم تحسين درجة الاستعداد لقبول الوظائف والمهارات الملائمة لاحتياجات القطاع الخاص الناهض.

الشكل 2-23 الالتحاق بالتعليم العالي في ليبيا على مر الزمن: الإجمالي وحسب نوع الجنس، 1992–2003

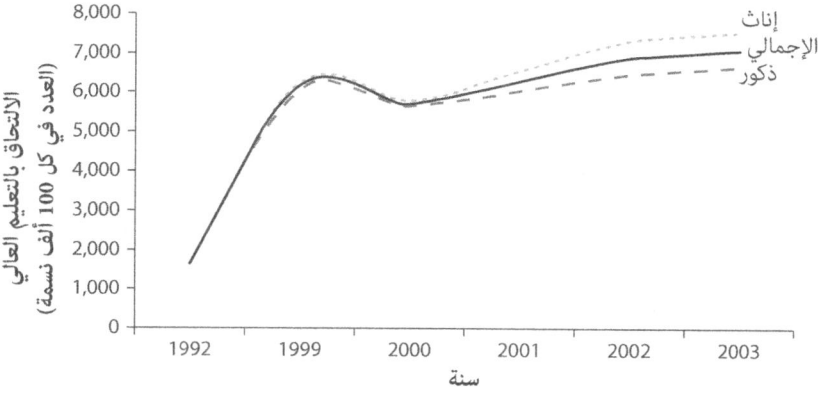

الإجمالي

المصدر: مؤشرات التنمية في العالم، وإحصائيات التعليم للبنك الدولي ومنظمة الأمم المتحدة للتربية والعلم والثقافة(اليونسكو) 2013.

الشكل 2-24 معدل البطالة بين الشباب، (أ) الإجمالي، و(ب)حسب نوع الجنس

في المائة

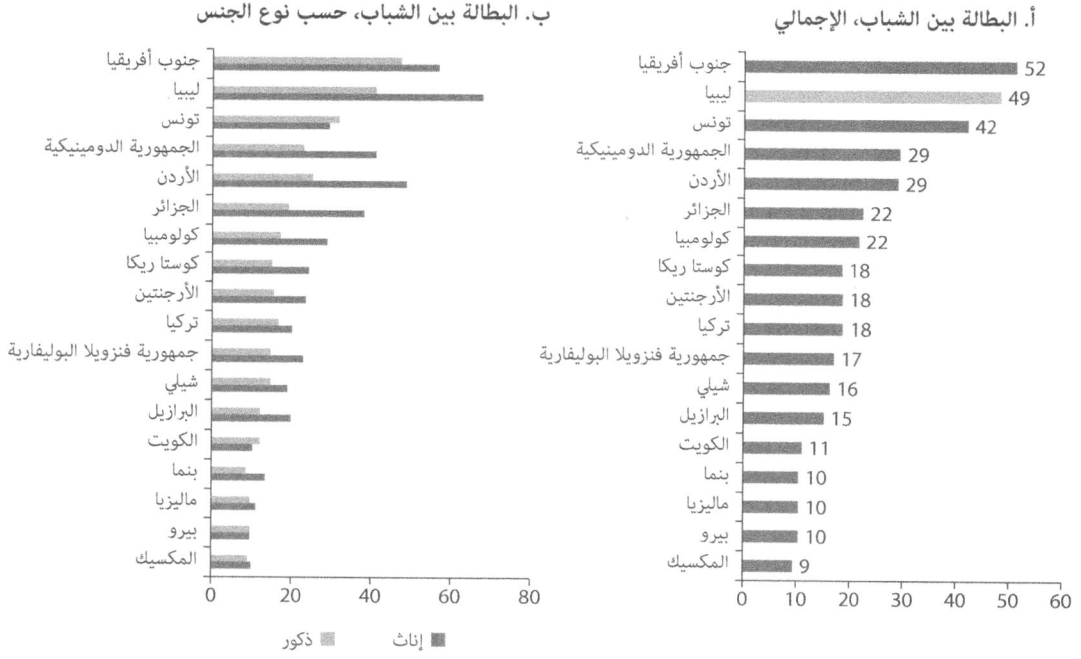

أ. البطالة بين الشباب، الإجمالي
ب. البطالة بين الشباب، حسب نوع الجنس

المصدر: حسابات خبراء البنك الدولي ومصلحة الإحصاء والتعداد، واستقصاء القوى العاملة الليبي 2012، ومؤشرات التنمية في العالم، وقاعدة بيانات المؤشرات الرئيسية لسوق العمل الخاصة بمنظمة العمل الدولية 2013.

حواشي

1. المسح السكاني الليبي، مصلحة الإحصاء والتعداد، 2012.

2. البنك الدولي، ليبيا: مراجعة للإنفاق العام، 3 مجلدات. (واشنطن العاصمة: البنك الدولي، 2009). انظر بيانات الفقر التفصيلية في المجلد الثالث، الملاحق، والملحق الإحصائي.

3. البنك الدولي، مؤشرات التنمية في العالم (واشنطن العاصمة: البنك الدولي، 2013).

4. البنك الدولي، الحرية من أجل الازدهار: الوظائف في الشرق الأوسط وشمال أفريقيا (واشنطن العاصمة: البنك الدولي، 2012).

5. تقديرات مأخوذة عن مصلحة الإحصاء والتعداد ووزارة العمل والتأهيل، ليبيا.

6. البنك الدولي، تقييم مناخ الاستثمار في ليبيا (واشنطن العاصمة: البنك الدولي، 2012)، 61.

7. انظر، على سبيل المثال، المركز الدولي لتنمية سياسات الهجرة، 2010 "مسح شامل لتدفقات الهجرة والقدرات المؤسسية في ليبيا"، فيينا، 28–36.

8. "الفروق الضريبية tax wedge" تشير إلى ضريبة العمل والاشتراكات محسوبة على أساس مبلغ الضرائب والاشتراكات الإلزامية على الأيدي العاملة والتي يدفعها أصحاب الأعمال.

الفصل الثالث

بناء مؤسسات وسياسات سوق العمل

مقدمة

مع الشروع في إعداد دستور جديد، بدءاً من عام 2013، أصبحت ليبيا في حاجة ماسة إلى تحسين كيفية نهوض مؤسسات سوق العمل بوظائفها. ويستلزم إدخال هذه الإصلاحات اتباع مسار مزدوج: (أ) بناء قدرات المؤسسات العامة الليبية، و (ب) تقوية دور القطاع الخاص. وكانت الجهود الجارية لإرساء نُظُم عصرية لإدارة الشؤون المالية العامة وتعزيز القدرات على وضع السياسات قد بدأت في عام 2012.[1] ويستلزم تطوير سوق عمل ناضجة تحسن النهوض بوظائفها ضرورة تعزيز (ا) سياسات سوق العمل، (ب) برامجها، (ج) شراكاتها، (د) معلوماتها.

وتشكل محدودية قدرات المؤسسات العامة وعدم وجود بيانات يمكن التعويل عليها عراقيل أمام تصميم وتنفيذ البرامج التي يمكنها تلبية الاحتياجات الفورية فضلاً عن إعداد إستراتيجيات وسياسات على الأمدين المتوسط والطويل. وستكون الشراكات فيما بين الحكومة الليبية وأصحاب المصلحة من القطاعين الخاص والمدني على المستويات المحلية والإقليمية والعالمية ذات أهمية إستراتيجية بالغة لتسخير رغبة الشركاء وقدراتهم من أجل المساعدة في التغلب على هذه التحديات. ويعرض هذا الفصل تقييما لمؤسسات سوق العمل في ليبيا بما يساعد على فهم الشراكات والأدوار والاقتصاد السياسي للساحة المؤسسية.

الأطراف الفاعلة الناشئة على جانب العرض

تمر ساحة سوق العمل الليبية حاليا بخضم عملية تحول (انظر الشكل 3-1). فوزارة العمل والتأهيل هي التي تقوم على خدمة الأيدي العاملة في المقام الأول. وفضلاً عن ذلك، تم إنشاء هيئة خاصة للدفاع عن المحاربين السابقين وخدمتهم: وهي هيئة شؤون المحاربين التابعة لرئاسة مجلس الوزراء. وتدير وزارة الشؤون الاجتماعية الصندوق الوطني للضمان الاجتماعي الذي يغطي العاملين بالقطاعين العام والخاص بالإضافة إلى من يعملون أعمالا حرة. وتغطي المزايا كبار السن، والأمومة، والمعوقين، وتدعم العاملين في حالات فقد الوظائف والوفاة. وتتم تغطية نفقات الخدمات الصحية في المقام الأول من خلال موازنة الدولة.

ويخرج التقييم المتعمق للضمان الاجتماعي عن نطاق هذه الدراسة التقييمية، لكن التحليلات السابقة تدل على أن نظام الحماية الاجتماعية في ليبيا غير قابل للاستمرار.[2] وبالإضافة إلى ذلك، فقد نشأت في أعقاب الثورة أول نقابات عمالية في ليبيا (اثنتان تقريبا)، علاوة على عدد محدود من الجمعيات المكرسة لمساندة التدريب أو التوظيف. ونظراً لقلة معلومات تلك الكيانات الأخيرة، فإن وزارة العمل والتأهيل تظل حلقة اتصال الدولة الأولى ببعض برامج هيئة شؤون المحاربين.

والوزارة هي المسؤولة عن قوانين العمل، والتدريب، والإشراف على الخدمات المدنية، وتُعد من حيث المبدأ نقطة الاتصال الرئيسية بالنسبة للباحثين عن عمل. وتقوم الوزارة بتيسير التعيين بالوظائف من خلال إدارتها لمكاتب العمل التي تقوم أساساً بتسجيل أسماء الباحثين عن وظائف في قاعدة بيانات وطنية تدار مركزياً. وفي طرابلس 6 مكاتب عمل من مجموع مكاتب يُقدَّر بحوالي 30 مكتباً بأنحاء ليبيا. وهناك حاجة إلى مزيد من المعلومات لتقييم كيفية إجراء التسجيل وأعداد العاطلين الليبيين الذين يسجلون أسماءهم لدى مكاتب خدمة التوظيف. وكما ذكر آنفاً، فإن وزارة العمل والتأهيل هي التي تشرف على تعيين موظفي الخدمة المدنية فضلاً عن برامج التدريب وبناء القدرات التي تدار في معظمها من خلال تعاقدات مع مقدمي الخدمة من القطاعين العام والخاص. وفيما يتصل بعلاقتها مع القطاع الخاص، فقد شرعت الوزارة في إجراء حوار محدود مع الشركات الأجنبية الكبرى في المقام الأول ولاسيما فيما يتعلق بالعمالة عالية المهارة، كالمهندسين. وتقوم معظم الشركات الخاصة الليبية بتعيين العاملين لديها بنفسها.

الشكل 3-1 الأطراف الرئيسية الفاعلة ومؤسسات سوق العمل في ليبيا، 2014

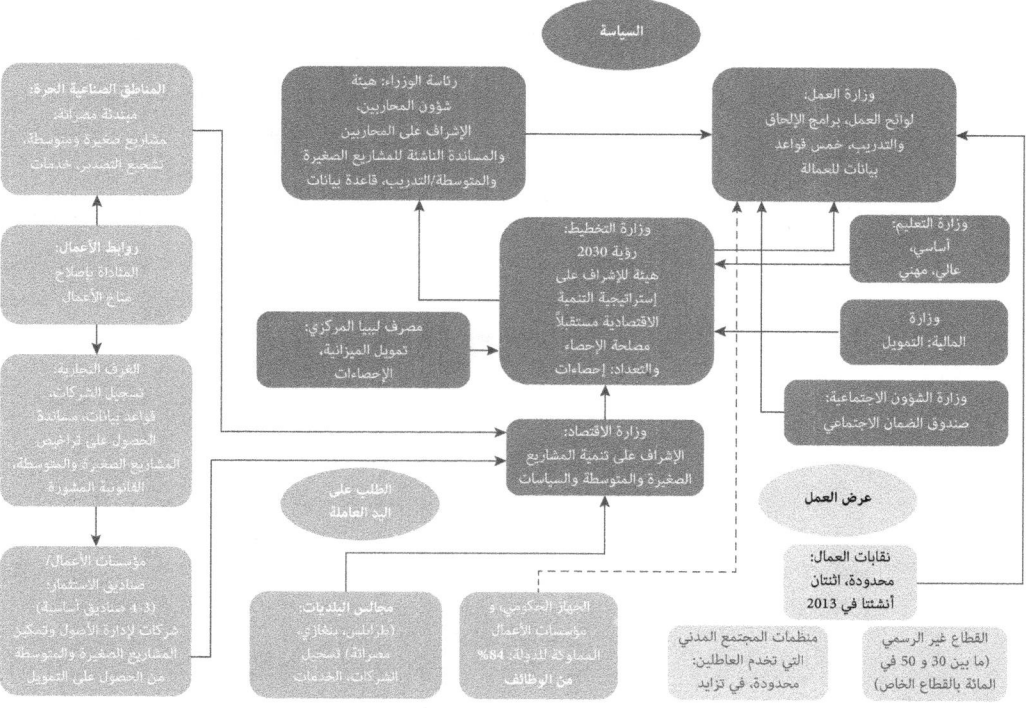

المصدر: خبراء البنك الدولي.

وليس من المعروف على وجه التحديد مدى شمولية أو دقة قاعدة بيانات الأيدي العاملة لدى وزارة العمل والتأهيل. وعلاوة على ذلك، فإن أعمال الرصد والتقييم لا يتم إجراؤها بانتظام، مما يجعل من الصعب تحسين كفاءة عملية الانتقال إلى العمل.[3] ولدى وزارة العمل والتأهيل 5 قواعد بيانات للأيدي العاملة كان قد تم وضعها في عام 2007، وهي قاعدة بيانات الباحثين عن عمل، وقاعدة بيانات موظفي الدولة، وقاعدة بيانات فائض الموظفين، وقاعدة بيانات الطلاب، وقاعدة بيانات القروض لتسجيل أسماء من حصلوا على قروض أعمال صغيرة أو متناهية الصغر. ولا توجد قواعد بيانات للعمال الأجانب الرسميين وغير الرسميين. وضمت قاعدة بيانات موظفي الدولة قرابة مليون موظف حكومي في عام 2013. وتستخدم هذه القاعدة في تسهيل التعيينات بوظائف القطاع العام، وبين الحين والآخر للإحالة إلى الوظائف التي تتطلب مهارات عالية بالقطاع الخاص.

وتُعد برامج سوق العمل النشطة في ليبيا حديثة نسبيا. وعلى الأمد القريب، تهدف الخطط الموضوعة إلى رفع قدرات وزارة العمل والتأهيل على تطوير التدريب والمهارات، وبرامج التعيين في الوظائف. ومنذ عام 2012، وبالنظر للحاجة لإيجاد حلول سريعة للعاطلين عن العمل والمحاربين السابقين، تقوم وزارة العمل والتأهيل بإدارة برنامجين رئيسيين للتدريب ضمن إطار طارئ. ويستهدف البرنامج الأول خريجي الجامعات الراغبين في اكتساب مهارات تكنولوجيا المعلومات، واللغة الإنكليزية (ويمتد لفترة تتراوح ما بين 3 و 4 أشهر). أما البرنامج الآخر فيستهدف طائفة من أنواع التدريب المهني (من 6 إلى 8 أشهر). وتمول وزارة العمل والتأهيل هذين البرنامجين من خلال تعاقدات مباشرة مع مقدمي الخدمة الدوليين والمحليين. إلا أن طبيعة ونوعية هؤلاء المقدمين غير معروفة لموظفي البنك الدولي. وكذلك، ليس من الواضح ترتيبات التسجيل، والمطابقة، والتمويل. وفي عام 2012 كان العدد الأولي المستهدف للمستفيدين يُقدَر بنحو 25 ألف شخص على امتداد خمس سنوات.

وهيئة شؤون المحاربين معترف بها بوصفها الجهة الرئيسية المتعاملة مع المحاربين، وقد شُكلت في عام 2012 في إطار رئاسة مجلس الوزراء، بالرغم من أن هناك أيضا تنسيقاً محدودا مع برامج وزارة العمل والتأهيل. وتتمثل مهام الهيئة في تنسيق ومساندة نزع السلاح، وتسريح المحاربين، وإعادة دمجهم، وإتاحة الفرص الاقتصادية لإعادة دمج المحاربين السابقين في سوق العمل. ومنذ بدأت عملها، أقامت الهيئة حوارا مع غيرها من المؤسسات الليبية، مثل وزارات العمل، والداخلية، والدفاع، والمنظمات الدولية والثنائية التي تعمل في مجال نزع

السلاح والتسريح وإعادة الاندماج وبرامج العمل. ومن الأنشطة التي تقع ضمن اختصاصات الهيئة: (أ) تسجيل المحاربين السابقين الساعين إلى إعادة الاندماج في قاعدة بيانات الهيئة من خلال أحد مراكز الهيئة البالغ عددها 29 مركزا على مستوى البلد؛ (ب) تقييم الباحثين عن عمل، حيث يتم إجراء مقابلات لتقييم الخلفيات والاحتياجات والتطلعات الوظيفية؛ (ج) التدريب، بما في ذلك تدريب مدربي ريادة الأعمال الحرة علاوة على تنمية المهارات المهنية؛ (د) تقديم المنح للمشاريع الصغيرة والمتوسطة على أن تدار من خلال حضانات أعمال بأنحاء ليبيا. وبالنظر لمحدودية أنظمة الرصد والتقييم القائمة، يستلزم الأمر توفير مزيد من المعلومات بشأن ما تحرزه هذه البرامج من تقدم، وطبيعتها، ومستوى تغطيتها، وجودتها، والتنسيق فيما بينها وبين وزارة العمل والتأهيل.

تنوع الأطراف الفاعلة على جانب الطلب

في أعقاب الثورة، نشأت طائفة من مجالس وهيئات تشجيع القطاع الخاص في طرابلس، ومصراتة، وبنغازي. وهي تعمل بمعزل تقريباً عن بعضها بعضا. ويتمثل الطرف الفاعل الرئيسي على جانب الطلب في ليبيا في وزارة الاقتصاد التي تتمثل مشاركتها الرئيسية في البرنامج الوطني لتنمية المشاريع الصغيرة والمتوسطة. ومن نقاط تركيز هذا البرنامج تسهيل قدرة المشاريع الصغيرة والمتوسطة على الحصول على القروض من خلال تبسيط شروط الضمانات وأسعار الفائدة. ولدى وزارة الاقتصاد أيضا أنشطة على مستوى مجالس المدن.

وفي الآونة الأخيرة، أُنشئ مجلس التنمية الاقتصادية المرتبط بوزارة التخطيط من أجل تقديم المشورة لوزارة العمل والتأهيل ووزارة الاقتصاد بشأن إستراتيجيات تعزيز العمالة في كلٍ من القطاع العام والقطاع الخاص. وبالتنسيق مع هيئة شؤون المحاربين، وضع المجلس خططا لإلحاق 20 ألف محارب سابق بسوق العمل.

ولوزارة التخطيط دور محوري لتنمية الطلب على الأيدي العاملة في ليبيا على الأمد القصير والأمد الأطول، ولاسيما مع إنشاء لجنة رؤية 2030 بالوزارة. وتشارك الوزارة في وضع خطة التنمية الوطنية الجديدة (المرجح لها أن تحل محل خطة 2008–2012 القديمة). وتضم الخطة الجديدة البرنامج الوطني لتنمية المشاريع الصغيرة والمتوسطة الذي وضعته وزارة الاقتصاد، وخطط وزارة البنية التحتية للقيام بالأشغال العامة الكبيرة، وربما أيضا الخطط المستقبلية لوزارات أخرى. وقبل الثورة، كانت أشغال عامة كبيرة مثل إنشاء المطارات، والنهر الصناعي، وتطوير الإسكان من أكبر العوامل المساهمة في تشغيل الأيدي العاملة — وإن لم تكن الليبية بالضرورة.

ويُعد صندوق التنمية الاقتصادية والاجتماعية "الإنماء"، أحد أشكال شركات إدارة الأصول. ويمثل هذا الصندوق أكبر مصدر منفرد للتوظيف بالقطاعين العام والخاص من حيث الحجم الإجمالي للقوى العاملة المعينة من خلال الشركات التي يمثلها. وتوظف شبكة الشركات التي يشرف عليها الصندوق ما يُقدَر بنحو 175 ألف ليبي. والصندوق هو الذي يحدد إلى حد بعيد اتجاه وسرعة التنمية القطاعية الليبية ومدى مشاركة أي قطاع خاص داخل تلك القطاعات، مثل بيع الحصص المصرفية للصندوق لبنك قطر الوطني.

وفيما يتعلق بالاتحادات والمجالس المهنية والعمالية، توجد في ليبيا مجالس محلية للمدن، وغرف تجارية، وروابط للأعمال، ولو أن التنسيق فيما بينها ضعيف. وعلى المستوى المحلي، تبدو مديرية الاقتصاد بمجلس مدينة طرابلس، وهي الممثل المحلي لوزارة الاقتصاد، أحد أقوى الأطراف الفاعلة. وتدير المديرية قاعدة بيانات تضم 37200 شركة، وتجري مراجعات لمتابعة أنواع تلك الشركات، وأعدادها، واحتياجاتها.

والتفويض الممنوح للغرف التجارية المحلية واسع نسبياً إذ يشمل: تشجيع الأعمال من خلال تنظيم لقاءات تجارية محلية ودولية وتقديم المشورة الفنية والقانونية. وعلاوة على ذلك، فإن هذه الغرف تحرص بدرجة متزايدة على خلق أدوار لأنفسها في تطوير المشاريع الصغيرة والمتوسطة. فلكي تحصل شركة على ترخيص عمل، يجب عليها إلزاماً أن تسجل نفسها لدى الغرفة التجارية المحلية. ولدى الغرفة التجارية في بنغازي، على سبيل المثال، 36 ألف شركة مسجلة. وتميل الشركات الأصغر حجما إلى عدم التسجيل. فالشركات عادةً ما تستخدم الغرف التجارية في المقام الأول من أجل التراخيص والمشورة القانونية لأن خدمات تلك الغرف ومساندتها لتنمية السوق والتجارة تبدو محدودة.

وكذلك تسهم روابط الأعمال الخاصة في تنمية سوق العمل، وذلك أساساً من خلال المناداة بإدخال إصلاحات لتحسين القواعد المنظمة لمناخ الأعمال والاستثمار، وهي القواعد التي تشرف عليها وزارة الاقتصاد. ومن بين المشكلات الرئيسية: (أ) إصلاح القطاع المصرفي من أجل تحسين القدرة على الحصول على الائتمان، (ب) إصلاح السياسات الضريبية المعوِّقة (ج) إنشاء مناطق صناعية تضمن توفُر الأرض والملكية.

إعادة النظر في قوانين العمل

تشير الحوافز الموروثة بالقواعد المنظمة للعمل في ليبيا إلى المجالات التي تحتاج إلى تقييم مستقبلاً. وتتمثل أبرز هذه الحوافز في القواعد التنظيمية المتعلقة بما يلي: (أ) سياسات التوظيف والإبقاء على العمالة للمواطنين وغير المواطنين، (ب) الأجور والمزايا، (ج) إعانات البطالة. ومنذ عام 2012، يخضع القانون رقم 12 لسنة 2010 الخاص بالقواعد المنظمة للعمل، وقانون العمل، لإعادة النظر مع وضع مسودة قانون جديد للاتحادات العمالية.

ويفرض قانون العمل الليبي مبادئ للالتحاق بالوظائف، وتعاقدات الموظفين، وعقود التدريب. ومع ذلك فإن تصميم القواعد التنظيمية، والحوافز، وإنفاذهما يتطلب المزيد من التقييم الناقد. فأصحاب العمل في ليبيا ملزمون، من حيث المبدأ، بقبول العمال المبعوثين إليهم من مكاتب التوظيف الجهوية. كما يشترط القانون أيضا على أصحاب العمل سواء بالقطاع العام أم الخاص أن يبرموا عقوداً رسمية مع كافة العمال. ويسمح قانون العمل بطائفة متنوعة من أنواع العقود تتراوح من العقود المفتوحة إلى العقود محددة المدة وعقود العمل لجزء من الوقت (المادة 8). إلا أن أصحاب الأعمال يلجأون حسبما يقال إلى التهرب من إبرام عقود مع العمال لتفادي دفع اشتراكات الضمان الاجتماعي الإلزامية.

كما ينص قانون العمل الليبي على أن الشركات ملزمة بقبول المواطنين الليبيين للتدرب لديها (المادة 81) لكنه لا يحدد بوضوح كافٍ الشروط والصلاحيات. ويقضي قانون العمل بأنه لا يجوز أن تتجاوز ساعات العمل 48 ساعة في الأسبوع. كما ينظم القانون أيضا وبشكل صارم سن العمل وينص صراحة على الحماية الواجب توافرها لمن تتراوح أعمارهم بين 16 و 18 عاماً. وهناك حاجة إلى الحصول على مزيد من المعلومات كي يتسنى تقييم الهيكل والحوافز الموروثة المرتبطة باشتراكات الضمان الاجتماعي، والتزامات أصحاب الأعمال، وديناميكيات سوق العمل في ليبيا.

وهناك العديد من القواعد التنظيمية التي تحد عملياً من توظيف النساء، بما في ذلك القيود المفروضة على قطاعات بعينها وعلى ساعات العمل (المادة 24). ويتضمن التشريع مزايا سخية بخلاف الأجور للعاملات من الإناث، مثل إجازة ما قبل الوضع وإجازة الوضع (المادة 25) وغيرها من استحقاقات الإجازات العائلية. ومع أن هذه المزايا قد تمكن الإناث من المشاركة في الأيدي العاملة، هناك حاجة لمزيد من البحوث للتحقق من الحوافز الإيجابية والسلبية المحتملة للإناث وأصحاب العمل على السواء نتيجةً لهذه القواعد التنظيمية.

ويشوب القواعد التنظيمية التي تفرض كيفية تحديد الحد الأدنى للأجور وتحكم المقابل المادي عدم الوضوح، بما في ذلك ما إذا كان الحد الأدنى للأجور يتحدد حسب القطاع أم المنطقة الجغرافية. ويتحدد الحد الأدنى للأجور في ليبيا بواسطة مجلس استشاري يضم ممثلين من الحكومة وممثلين للنقابات العمالية وأرباب الأعمال (المادة 19). وكذلك ينص قانون العمل الصادر عام 2010 على منح علاوات وزيادات أجور سنوية بشكل آلي (المادتان 143–144)، دون تحديد شروط للأداء. والضوابط التي تنظم ساعات العمل الإضافية ومقابلها المادي غير واضحة. وكذلك يفسح قانون العمل المجال لإيضاح وإدخال المساومة الجماعية باعتبارها آلية لوضع المعايير في المستقبل. ويسمح القانون باستحقاقات إجازات سخية، بما في ذلك إجازات الحج، والزواج، وغير ذلك من الاستحقاقات العائلية (المادة 34). وربما كانت هذه الاستحقاقات تلقي بعبء مالي واقتصادي على عاتق أصحاب العمل. ولذا، فإن هناك حاجة إلى وضع تقييم ناقد مستقبلاً لمراجعة وإصلاح تلك المزايا من أجل ضمان اتساقها مع الرؤية الرامية لخلق فرص العمل بالقطاع الخاص.

وترتبط القواعد التنظيمية التي تحكم الفصل من العمل بشكل عام باشتراطات صارمة نسبياً (المادتان 42 و 43 من قانون العمل). ويخضع إنهاء العقود لعدة خطوات مطلوب من أصحاب العمل اتخاذها لتبرير قرارات الفصل. وهذه الخطوات هي: (أ) قيام السلطات العامة بمراجعة للموافقة على الفصل، (ب) تقديم إخطار مسبق للموظف وللسلطات العامة، (ج) اشتراطات دفع تعويض الفصل.

الاستنتاجات

يبدو أن الساحة المؤسسية الليبية لديها بالفعل اللبنات الأساسية لبناء سوق عمل تقوم بوظائفها. إلا أن وضع هذه اللبنات ضمن سياسات سليمة وإطار إستراتيجي صحيح لتشجيع القدرة على التحمل والتعافي، والنمو، وخلق فرص العمل، أمر يقف على المحك. ويمكن لمساندة إدخال إصلاحات على مناخ العمل للتيسير على الاستثمارات علاوة على البرنامج الوطني الذي وضعته وزارة الاقتصاد من أجل تطوير المشاريع الصغيرة والمتوسطة أن يعزز كثيراً خلق فرص العمل، بما في ذلك تقديم المساندة للمشاريع الصغيرة القائمة. ومن بين الإصلاحات المؤسسية الرئيسية اللازمة لوزارة العمل والتأهيل ضمان مساندة المالية العامة لطائفة من الفرص التدريبية والتعليمية في القطاعين العام والخاص بما يعزز خدمات التوظيف بالقطاع العام ويشجع على الشراكات بين القطاعين العام والخاص.

وفضلاً عن ذلك، فإن إعادة هيكلة الغرف التجارية المحلية يمكن أن يساعد في مساندة خدمات تطوير الأعمال، وهو ما يشمل باعتباره نموذجاً أمثل العمل بنظام الشباك الواحد لخدمة الشركات ورواد الأعمال الحرة المحتملين. كما أن للغرف التجارية دوراً ثمينا على الأمد القصير بالاشتراك مع قادة الأعمال، ألا وهو: مساندة البرامج التدريبية ووضع إستراتيجيات لتطوير القطاعات. ومن شأن ذلك أن يسهم في تشكيل إصلاح السياسات الضرورية لضمان حسن التنفيذ. ويمكن وضع رؤية جماعية تعالج تطلعات وأفضليات سوق العمل. ومن الممكن لهذه الرؤية، مترافقة مع إعادة التفكير في التشريعات العمالية وتمكين النقابات المهنية والعمالية، أن تساعد في إطلاق إمكانيات ليبيا الكامنة والتشجيع على الاستقرار.

حواشي

1. البنك الدولي. مذكرة إحاطة عن برامج الحوكمة في ليبيا. غير منشورة.
2. البنك الدولي، التقرير الاقتصادي القطري بشأن ليبيا، *30295-LY* (واشنطن العاصمة: البنك الدولي، 2006).
3. في عام 2013، كان قرابة 400 ألف شخص مسجلين بوصفهم عاطلين عن العمل. ومن بين هؤلاء، كانت نسبة 25 في المائة تقريباً من الخريجين (الذين يحملون شهادات تعليم عال) و 66 في المائة من الإناث.

الفصل الرابع

سمات العمال وأفضلياتهم: الاستثمار في التدريب على العمل

مقدمة

"هل هم جاهزون، وهل سيقبلون فرص العمل المعروضة؟". هذا سؤال كثيراً ما يُطرح في ليبيا ما بعد الثورة. وقد أظهرت تحليلات سابقة لمناخ الأعمال أن 44 في المائة من الشركات ترى أن الليبيين لن يقبلوا أنواع الوظائف التي تعرضها الشركات عليهم،[1] وبالذات العمالة اليدوية أو شبه الماهرة. وبالنظر للاتجاهات العامة السائدة في سوق العمل وعلى الساحة المؤسسية في ليبيا اليوم، فإن تصميم برامج وسياسات لإحداث تحول تدريجي في ليبيا يستدعي ضرورة اتباع نهج إستراتيجي وموجه. وفضلاً عن تشجيع التنوع الاقتصادي وخلق بيئة اقتصاد كلي مواتية، فمن شأن التدريب، والتمكين، وتسهيل استحداث الوظائف وإتاحتها للعمال أن يؤدي إلى تحسين أداء سوق العمل لوظائفها، ولاسيما بالنسبة للشباب والمحاربين. ويمكن لفهم أفضلياتهم، وعقلياتهم، وقدراتهم، والتفاعلات فيما بينهم، والعوامل السكانية كالعمر ونوع الجنس وسمات المحاربين، أن يؤدي إلى تحسين تصميم برامج وسياسات سوق العمل من أجل تلبية احتياجات سوق الوظائف بشكل أفضل. وبالمثل، فإن تحديد الاتجاهات النوعية لنمو القطاع الخاص، وإكماله بتقييمات متعمقة لعملية اتخاذ أصحاب العمل للقرار واستعدادهم لدفع ثمن الاستثمار في تنمية مهارات العمال، يُعد من العوامل الرئيسة لحل لغز إصلاحات سوق العمل في ليبيا.

ويعرض هذا الفصل تقييماً لكيفية رؤية العمال لآفاق سوق العمل، ويفحص ثلاثة مجالات:

- وضع تقسيم لأنواع الباحثين عن العمل وسماتهم وتطوير أدوات جديدة للقيام بذلك. ويصف هذا التقسيم خصائص المعروض من الأيدي العاملة من مختلف الشرائح والنوعيات السكانية. ويضم التقسيم معلومات بشأن السمات السكانية، والتوجه الحالي للعقليات نحو أفضليات التوظيف وأهدافه، والمستويات التعليمة، ومهارات العمل وخبراته، والمناصب، وفهم سوق العمل.
- عرض عام لأبرز العراقيل أمام دخول سوق العمل، وبالذات الأسئلة مثل "هل سيشارك الشباب الليبي في العمل الفعلي؟" و "هل سيشارك الشباب الليبي في القطاع الخاص؟" و "ما هو المطلوب كي يشارك المحاربون الليبيون في سوق العمل؟"
- الخيارات المتاحة أمام إستراتيجيات دخول السوق بالنسبة لكل شريحة أو نوعية سكانية.

ومن أجل قياس السمات السكانية، والمهارات، وأفضليات العمل في ليبيا، قام خبراء البنك الدولي في عام 2012 باستخدام استقصاء نوعي-كمي سريع لمقارنة الشباب العاطل عن العمل بنظرائه الذين يشغلون وظائف.[2] ويبدو أن ارتفاع المستوى التعليمي يرتبط بالحصول على وظيفة بدوام كامل، لا بدوام جزئي أو بلا وظيفة على الإطلاق (انظر الجدولين 4-1 و 4-2). كما يبدو أن امتلاك خبرة عمل سابقة ولو لسنة واحدة على الأقل مرتبطٌ بالتوظيف، ولاسيما بدوام كامل (انظر الجدول 4-3).

الجدول 4-1 الوضع الوظيفي للمشاركين حسب المستوى التعليمي

الوضع الوظيفي	ابتدائي (%)	ثانوي (%)	جامعي (%)	الإجمالي (%)
دوام كامل	16	25	39	28
دوام جزئي	11	5	7	8
موسمي	15	0	4	6
عاطل	58	70	50	58
الإجمالي	100	100	100	100

المصدر: التقييم السريع لسوق العمل في ليبيا، البنك الدولي، 2012.

وقد تم تصميم التقييم بحيث يأخذ عينة متساوية تقريباً من العاملين والعاطلين في كل موقع (انظر الإطار 4-1). غير أن التقييم، بغية تحديد سمات ومهارات قياسية إضافية، أفرط في حجم عينة العاملين لدى القطاع الخاص. ونتيجة لذلك، فقد عكس التقييم نصيباً أقل للعمالة بالقطاع العام مما توحي به الإحصاءات الرسمية. وفي هذا التقييم الذي أجراه البنك في عام 2012، أفاد 33 في المائة ممن شملتهم العينات بأنهم يعملون برواتب في القطاع العام، في مقابل 30 في المائة بالقطاع الخاص. وقال الباقون إنهم يعملون أصحاب مشاريع خاصة (15 في المائة)، أو في القطاع غير الهادف للربح (11 في المائة)، أو مع كتيبة/لواء (11 في المائة) (انظر الشكل 4-1).

الجدول 4-2 الوضع الوظيفي للمشاركين حسب نوع الجنس

الوضع الوظيفي	ذكور (%)	إناث (%)	الإجمالي (%)
دوام كامل	24	36	28
دوام جزئي	7	9	8
عارض	7	5	6
عاطل	62	50	58
الإجمالي	100	100	100

المصدر: التقييم السريع لسوق العمل في ليبيا، البنك الدولي، 2012.

الجدول 4-3 الوضع الوظيفي للمشاركين حسب خبرة العمل السابقة (سنة على الأقل)

الوضع الوظيفي	الخبرة السابقة (%)	بلا خبرة سابقة (%)	الاجمالي (%)
دوام كامل	35	14	28
دوام جزئي	11	0	8
عارض	7	5	6
عاطل	47	81	58
الإجمالي	100	100	100

المصدر: التقييم السريع لسوق العمل في ليبيا، البنك الدولي، 2012.

الإطار 4-1 تصميم التقييم السريع لسوق العمل في ليبيا على جانب العرض، 2012

أُجري تقييم سريع لسوق العمل استُخدم فيه لأول مرة الاستقصاء خلال شهر يوليو/تموز 2012. وكان الغرضان الأساسيان منه هما: (أ) تكميل التحليل الكمي باستخدام الاستقصاء الليبي للقوى العاملة، و (ب) الوصول إلى فهم أفضل لأفضليات وآفاق مستقبل سوق العمل من وجهة نظر كلٍ من الباحثين عن عمل وأرباب الأعمال.

واستند التقييم إلى 67 مقابلة مع المشاركين الذين اختيروا على أساس المكان، ونوع الجنس، والمستوى التعليمي، والوضع الوظيفي، مع استهداف فئة إضافية معينة هي المحاربين السابقين. ولذلك، ينبغي ألا تُعتبر النتائج ممثلة للوضع الليبي إجمالاً، وإنما دالة فقط على الاتجاهات المحتملة على جانب العرض بسوق العمل في ليبيا. وذكر حوالي ثلثي من شملتهم المقابلات أنهم قاموا بدور نشط في الصراع الأهلي. وقال أكثر المشاركين إنهم تركوا أعمالهم بسبب الصراع، في حين لم تُتح للبعض فرصة العودة إلى وظائفهم السابقة. ولذا، ينبغي أن يُنظر إلى التحليل التالي بحرص لأن إجراء التقييم نفسه في توقيت آخر، وبخاصة بعد بضعة أشهر من تسمية حكومة جديدة، يمكن أن يأتي بنتائج مختلفة.

وفي عام 2012، كان 58 في المائة من المشاركين من العاطلين عن العمل في حين كان 42 في المائة لديهم وظائف سواءً بشكل غير رسمي أو عارض، وبدوام جزئي أم كلي (انظر الجدول ب4-1-1). ومن بين المشاركين الذين يشغلون وظائف، كان من يعملون بدوام جزئي في طرابلس أكثر منهم في مصراتة أو بنغازي. وكان الموظفون بالمدينتين الأخيرتين يعملون على الأرجح بدوام كامل.

ومن بين المشاركين، وعددهم 67، تألفت العينة من 45 من الذكور (67 في المائة) و 22 من الإناث (32 في المائة). ويشكل الشباب النسبة الأكبر: فقد كان 45 في المائة ممن تتراوح أعمارهم ما بين 18 و 24 عاماً؛ و 26 في المائة ممن تتراوح أعمارهم ما بين 25 و 29 عاما؛ و 9 في المائة ممن تتراوح أعمارهم بين 30 و 34 عاماً؛ و 10 في المائة ممن تبلغ أعمارهم 35 عاماً فأكثر. ومن حيث الخلفية التعليمية، كانت نسبة 28 في المائة من العينة ممن تلقوا تعليماً ابتدائياً؛ و 30 في المائة تعليماً ثانوياً (15 في المائة ثانوية عامة و 15 في المائة ثانوية مهنية)؛ و 42 في المائة تعليما عالياً (بينهم 13.5 في المائة ممن تلقوا تعليماً عالياً مهنياً). وكانت نسبة الذكور الذين ذكروا أنهم عاطلون عن العمل أعلى إلى حد ما من الإناث (62 في المائة مقابل 50 في المائة، على الترتيب). وكانت الإناث اللائي حصلن على تعليم عال أعلى من الذكور: فقد كانت نسبة 45 في المائة من النساء المشاركات ممن يحملن شهادات عليا، مقارنةً بنسبة 20 في المائة من الرجال.

الإطار يستمر الصفحة التالية

الإطار 4-1   تصميم التقييم السريع لسوق العمل في ليبيا على جانب العرض، 2012 (تابع)

الجدول ب-4-1-1   الوضع الوظيفي للمشاركين حسب المدن

الوضع الوظيفي	طرابلس	قارابولي	مصراتة	بنغازي	أجدابيا	زوارة	الإجمالي
دوام كامل (%)	17	40	36	37	0	33	28
دوام جزئي (%)	17	0	7	0	20	0	8
عارض (%)	6	0	7	5	20	0	6
عاطل (%)	61	60	50	58	60	67	58
إجمالي حجم العينة (بالعدد)	18	5	14	19	5	6	67

المصدر: البنك الدولي، 2012، التقييم السريع لسوق العمل في ليبيا، واشنطن العاصمة.

الشكل 4-1   المهن الأولية بين المشاركين العاملين حسب النوع (في المائة)

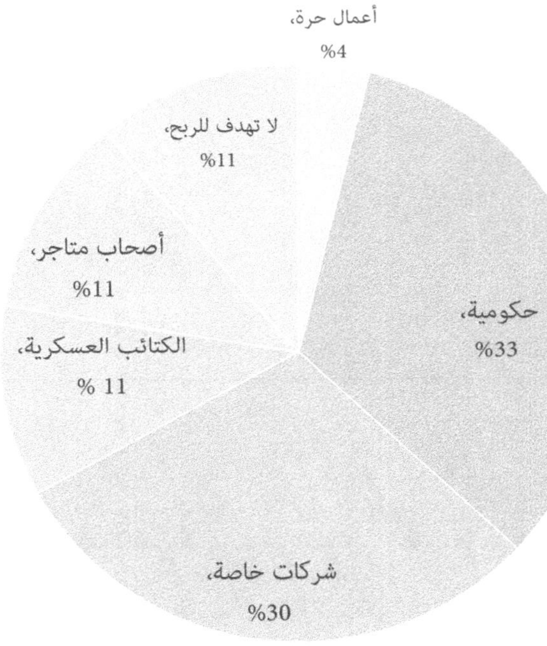

المصدر: التقييم السريع لسوق العمل في ليبيا، البنك الدولي، 2012.

ويظل رأس المال الاجتماعي، بين الشباب سواء العامل أو العاطل، بمثابة شبكة أمان بالغة الأهمية. وقد أقرت غالبية كبيرة ممن شملتهم المقابلات بأنهم يتلقون دعماً من أسرهم. ومن بين هؤلاء، أشار 85 في المائة إلى ارتفاع مستوى ما يحصلون عليه من دعم فيما يتعلق بالإسكان، و 69 في المائة فيما يتعلق بالغذاء (انظر الجدول 4-4). ويعيش 88 في المائة من كافة الباحثين عن فرص عمل في بيوت عائلاتهم (انظر الجدولين 4-4 و 4-5). ويعكس ارتفاع مستوى الدعم الإسكاني أعرافاً اجتماعية إذ إن أكثر الشباب الليبي يعيشون مع عائلاتهم لحين زواجهم وإنشاء أسر خاصة بهم، بل ربما لفترة أطول. وربما يكون اقتصاد الإسكان في عهد النظام السابق قد أسهم في خلق هذا النمط لأن امتلاك منزل، ولو أن له الأفضلية، يمثل تحدياً بالنسبة للشباب العاطل عن العمل؛ ويُعد الاستئجار أمراً نادراً. ولذا، فإن غالبية الليبيين يميلون إلى شراء منزل أو العيش مع غيرهم إلى أن يستطيعوا الشراء. وربما كانت قيود الإسكان تؤثر بالسلب في تنقلات الأيدي العاملة في ليبيا، ومن ثم فإنها قد تساعد في تفسير ارتفاع معدلات البطالة في ليبيا.

وتحصل قلة من الباحثين عن عمل على مساعدات مالية مباشرة؛ وأشار 36 في المائة إلى أنهم يتلقون مساعدة مالية مرتفعة. وأشار الشباب العاطلون عن العمل إلى حصولهم على دخل إضافي من خلال الالتحاق بوظائف صغيرة مؤقتة أو الاقتراض من الأصدقاء.

الجدول 4-4 المشاركون الذين يتلقون دعماً من عائلاتهم حسب النوع والمستوى

غذاء (%)	إسكان (%)	مالي (%)	مستوى الدعم
69	85	36	مرتفع
16	6	19	متوسط/عارض
15	9	45	منخفض/لا شيء
100	100	100	الإجمالي

المصدر: التقييم السريع لسوق العمل في ليبيا، البنك الدولي، 2012.

الجدول 4-5 ترتيبات معيشة المشاركين حسب الحالة الاجتماعية

الإجمالي (%)	منزل مستأجر (%)	منزل خاص (%)	إقامة مع الوالدين (%)	الوضع الاجتماعي
82	0	0	93	أعزب/خاطب
18	100	100	7	متزوج (لديه/ليس لديه أطفال)
100	3	9	88	الإجمالي

المصدر: التقييم السريع لسوق العمل في ليبيا، البنك الدولي، 2012.

الشكل 4-2 مستوى الاهتمام بالبحث عن عمل حسب أفضليات نوع الوظيفة

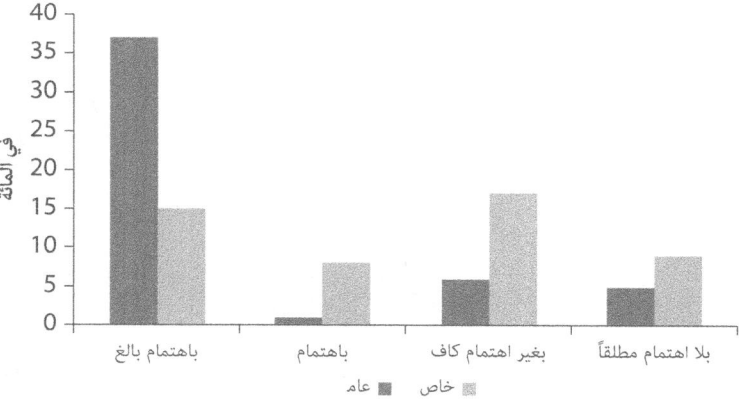

المصدر: التقييم السريع لسوق العمل في ليبيا، البنك الدولي، 2012.

أفضليات التوظيف

يسعى أكثر الباحثين عن عمل للحصول على وظائف بالقطاع العام: أشار 75 في المائة ممن شملهم الاستقصاء إلى أنهم يتوقون بشدة لأن يصبحوا من موظفي الدولة (انظر الشكل 4-2). وقال 67 في المائة ممن شملهم الاستقصاء إن الأسباب الرئيسية لتفضيلهم وظائف الجهاز الحكومي تتمثل في الأمن الوظيفي، والمزايا الأخرى كالمعاشات، وسهولة الحصول على قروض مصرفية.

كما أشار بعض من شملهم الاستقصاء أيضاً إلى أن الوظائف بالقطاع العام "أكثر راحة": فهي في الغالب وظائف محددة الوقت من التاسعة صباحاً إلى الخامسة مساءً مع خفة أعباء العمل والمرونة الكبيرة فيما يتعلق بالتواجد الفعلي في مكان العمل. وعلى العكس من ذلك، كان السبب الرئيسي بالنسبة للقلة التي لم تكن تريد العمل موظفين حكوميين يتمثل في الراتب، الذي اعتبروه أقل في الخدمة العامة.

ويعتبر أكثر الباحثين عن عمل أن العمل بالقطاع الخاص غير مستقر. ولم تتجاوز نسبة من يفضلون العمل بالقطاع الخاص على القطاع العام 17 في المائة (انظر الشكل 4-3). وباستثناء أقلية ممن شملهم الاستقصاء، كانت النظرة السائدة هي أن القطاع الخاص أقل أمنا، وتقل به احتمالات رفع الرواتب على الأمد الطويل، كما تقل به احتمالات تقديم مزايا الضمان الاجتماعي عنها بالقطاع العام. غير أن العمل بالشركات الأجنبية ظل مثار اهتمام الكثير من الباحثين عن عمل. وذكر العديد ممن شملهم الاستقصاء أنهم يرغبون بالعمل في الشركات الخاصة الأجنبية التي يرون أنها تدفع أكثر وتعامل موظفيها بشكل أفضل وتوفر لهم مزايا.

ديناميكيات سوق العمل في ليبيا • http://dx.doi.org/10.1596/978-1-4648-0714-5

الشكل 4-3 أفضليات البحث عن عمل حسب نوع الوظيفة

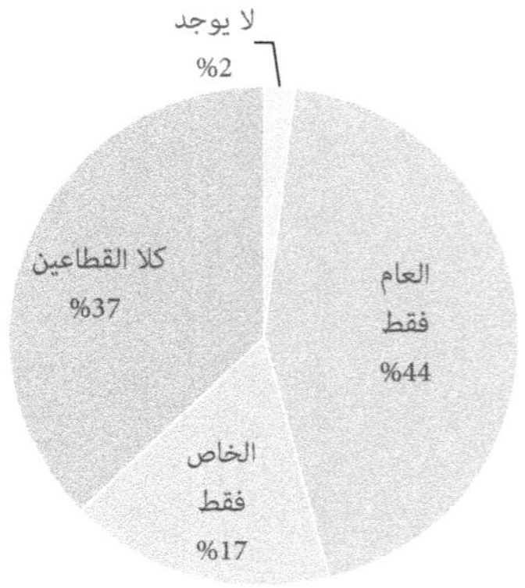

المصدر: التقييم السريع لسوق العمل في ليبيا، البنك الدولي، 2012 .

الشكل 4-4 متوسط درجات التصنيف الذاتي حسب مستوى المهارات بين الليبيين الباحثين عن عمل

0
1
4
5
6
7
8
9
6.4
7
7.1
8.1

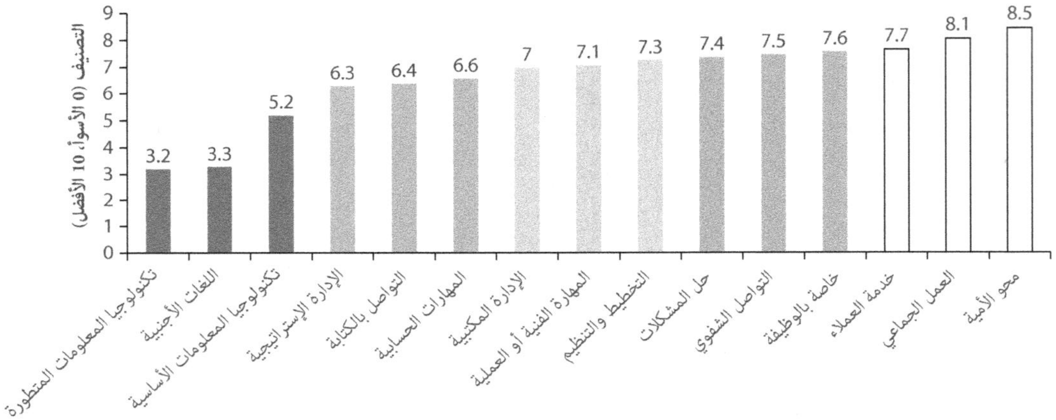

المهارات

شمل التقييم إجراء تقدير ذاتي سريع للمهارات والقدرات. وعرض من شملهم التقييم رؤيتهم الخاصة لنقاط قوة وضعف مهاراتهم، ومدى رغبتهم في تلقي التدريب مستقبلا. وكان إجراء تقييم موضوعي لمهارات من شملهم الاستقصاء يتطلب اتباع أساليب استطلاع صارمة، وهو ما كان يخرج عن نطاق ذلك التقييم الأولي. وشمل التقييم المهارات المعرفية وغير المعرفية والفنية (بما في ذلك المهارات المعينة الخاصة بالوظائف). وطلب الاستقصاء ممن شاركوا فيه أن يقدروا درجة مهارتهم على مقياس من واحد إلى عشرة، باستخدام مقياس ليكرت (Likert scale) المؤلف من 10 نقاط، والذي يوفر معلومات مرجعية مفيدة لتصميم تقييم أوسع نطاقاً في المستقبل. ولا يتضمن هذا النهج إجراء تقييم خارجي أو موضوعي لمهارات من يشملهم الاستقصاء، بل يقتصر على استنباط رؤية تستند إلى وجهات نظرهم وأفضلياتهم. وأظهرت النتائج أن من شملهم الاستقصاء عرضوا طائفة عريضة من الردود وبالتالي أبرزوا انحيازاً محدوداً. ومن ثم، فإن هذه النتائج يمكن الاستفادة منها باعتبارها أساسا جيدا للخروج بفهم أولي لفجوة المهارات.

وشملت المهارات التي رأى الباحثون عن عمل أنها ذات قيمة عالية في التنافس بسوق العمل المهارات المعرفية وغير المعرفية على حد سواء، وتليها المهارات الفنية والخاصة بالوظيفة. واختص من شملهم الاستقصاء بالذكر تكنولوجيا المعلومات (25 في المائة منهم)، والإلمام بلغات أجنبية (18 في المائة)، والقدرة على التخطيط والتنظيم (8 في المائة)، والاتصال الشفوي (8 في المائة). وكذلك اعتبر من شملهم الاستقصاء أنفسهم الأشد ضعفاً في تلك المهارات، بما في ذلك اللغات الأجنبية وتكنولوجيا المعلومات، وتليها الإدارة، والاتصال، والمهارات الحسابية (انظر الشكل 4-4).

ديناميكيات سوق العمل في ليبيا • http://dx.doi.org/10.1596/978-1-4648-0714-5

الإطار 4-2   الاتجاهات المستقبلية في تقييم المهارات الوظيفية

قبل تصميم أية سياسات لتنمية المهارات والتدريب، ولمعالجة أية حالة عدم توافق بين التعليم واحتياجات العمل، لابد من أن يكون هناك فهم واضح للعرض والطلب على المهارات. وهذا الفهم يمكن تحقيقه من خلال تقييم سوق العمل الذي يحلل قدرات الأيدي العاملة ويوفق بينها وبين الطلب بالسوق. ومن شأن هذا التقييم أن يمكن الحكومة من الذهاب إلى ما هو أبعد من إيجاد توافق مع المحصلات التعليمية والتدريبات وصولاً إلى رصد وتحليل توزيع المهارات بالقطاعات المختلفة بين سكان ليبيا ممن هم في سن العمل.

ومن بين مهارات الأيدي العاملة التي يتم عادةً تقييمها: المهارات المعرفية؛ والشخصية؛ والخلفية الأسرية؛ وأخيرا، وتبعاً للأداة المستخدمة، المهارات الفنية. وهناك أداتان بارزتان صممتا لهذا الغرض وهما دراسة قياس المهارات من أجل التوظيف والإنتاجية، التي يديرها البنك الدولي، وبرنامج التقييم الدولي لكفاءة البالغين، الذي تديره منظمة التعاون والتنمية في الميدان الاقتصادي. وتتيح مثل هذه التقييمات الدولية إجراء مقارنات فيما بين البلدان والقياس على البلدان ذات السياقات المماثلة من أجل الوصول إلى الهدف النهائي وهو تحديد الدروس المستفادة الممكنة.

المصدر: خبراء البنك الدولي

الجدول 4-6   توزيع مهارات المشاركين حسب المستوى

المهارات/التصنيف	مرتفعة (%)	متوسطة (%)	منخفضة (%)	متوسط القيمة (التصنيف)
تكنولوجيا معلومات متقدمة	7	26	67	3.2
اللغات الأجنبية	10	23	66	3.3
تكنولوجيا معلومات أساسية	31	28	42	5.2
إدارة استراتيجية	44	27	29	6.3
مهارات التواصل الكتابية	43	34	23	6.4
إجادة استخدام الأرقام	38	48	14	6.6
الإدارة المكتبية	59	20	21	7.0
فنية أو عملية	52	31	18	7.1
التخطيط والتنظيم	56	32	11	7.3
حل المشكلات.	54	35	11	7.4
الاتصال الشفوي	57	29	14	7.5
خاصة بالوظيفة	67	25	8	7.6
خدمة العملاء	61	30	9	7.7
العمل الجماعي	71	22	6	8.1
الإلمام بالقراءة والكتابة	75	19	6	8.5

المصدر: البنك الدولي، 2012، التقييم السريع لسوق العمل في ليبيا، واشنطن العاصمة.

الجدول 4-7   نسبة المشاركين ذوي المهارات العالية حسب تقييمهم لأنفسهم (%)

المهارات	عمل بدوام كامل (%)	كافة المشاركين (%)
تكنولوجيا معلومات أساسية	47	39
تكنولوجيا معلومات متقدمة	11	8
الاتصال الشفوي	79	75
مهارات التواصل الكتابية	58	52
خدمة العملاء	74	70
العمل الجماعي	84	84
اللغات الأجنبية	16	17
حل المشكلات	79	64
التخطيط	63	63
إدارة إستراتيجية	58	55
إجادة استخدام الأرقام	47	50
الإلمام بالقراءة والكتابة	90	80
الإدارة المكتبية	84	70
فنية/عملية	79	67
خاصة بالوظيفة	74	69

المصدر: البنك الدولي، 2012، التقييم السريع لسوق العمل في ليبيا، واشنطن العاصمة.
ملاحظة: "عالي المهارة" تشير إلى المشاركين الذين أعطوا أنفسهم تصنيفاً بدرجة لا تقل عن 8 على مقياس من 10 درجات.

وعلى العكس من ذلك، نزع من شملهم الاستقصاء إلى تقدير درجة مهاراتهم الفنية وقدراتهم على القراءة والكتابة وقدراتهم الحسابية والمهارات الخاصة بالوظيفة بشكل أكثر ارتفاعاً نسبياً. وأشار أكثر من شملهم الاستقصاء إلى أنهم يريدون تحسين مهاراتهم في اللغات الأجنبية (54 في المائة)، وتليها تكنولوجيا المعلومات الأساسية (40 في المائة)، وتكنولوجيا المعلومات المتقدمة (25 في المائة). ويلتحق الباحثون عن عمل، في أعقاب تخرجهم من المدارس الثانوية أو الكليات الجامعية، في العادة ببرامج تدريبية للارتقاء بمهاراتهم في مجال تكنولوجيا المعلومات الأساسية (47 في المائة) واللغات الأجنبية (29 في المائة).

ويعطي أصحاب الوظائف ممن شملهم الاستقصاء مهارات معينة درجة أعلى من المستوى المتوسط لكافة من شملهم، بما في ذلك المهارات الأساسية لتكنولوجيا المعلومات، وحل المشكلات، والالمام بالقراءة والكتابة، والإدارة المكتبية، والمهارات الفنية والعملية (انظر الجدولين 4-6 و 4-7). ورغم صغر العينة بدرجة لا تسمح بعقد مقارنات قاطعة، فإن هذه النتائج تلقي الضوء على مجالات تحتاج إلى مزيد من التقييم. ومما يثير الاهتمام أن هذه النتائج لا تميز بين مهارات اللغات الأجنبية بين أصحاب الوظائف والمتوسط العام لمن شملهم الاستقصاء. وربما يكون السبب أن أكثر من شملهم الاستقصاء من أصحاب الوظائف (قرابة 56 في المائة) إما يعملون لحساب القطاع العام أو أنهم ملتحقون بإحدى الكتائب العسكرية.

البحث عن وظيفة

ينزع الليبيون إلى البحث عن فرص العمل والعثور عليها من خلال شبكات الاتصال الشخصية. وتشير غالبية الباحثين عن عمل إلى أنهم كانوا يفتشون عن عمل من خلال الاتصال الشفوي، و 20 في المائة من خلال الإنترنت،[3] و 19 في المائة من خلال وزارة العمل والتأهيل، و 15 في المائة بإرسال طلبات من تلقاء أنفسهم لأصحاب العمل المحتملين. إلا أن خدمات التوظيف التي تقدمها وزارة العمل والتأهيل يُنظر إليها عموماً بوصفها تفتقر إلى الكفاءة. وسجلت نسبة كبيرة من الباحثين عن عمل أنفسها لدى خدمات وزارة العمل والتأهيل (35 في المائة)، ولم يتلق سوى واحد إخطار إحالة إلى وظيفة من وزارة العمل والتأهيل، لكن ذلك لم يؤد إلى توظيفه. وفضلاً عن ذلك، سجل 30 في المائة ممن شملهم الاستقصاء أنفسهم لدى هيئة شؤون المحاربين، لكن ثلاثة منهم فقط تلقوا إخطارات إحالة لوظائف. وينتظر الباقون إما أن يتمخض الأمر عن نتيجة أو يعتقدون أن العملية برمتها غير ناجحة. وبشكل عام، يمتلك الباحثون عن عمل وعياً أكبر بخدمات البطالة التي تقدمها هيئة شؤون المحاربين (66 في المائة) من تلك التي تقدمها وزارة العمل والتأهيل (46 في المائة). وقد توحي هذه النتيجة بأن جهود تواصل هيئة شؤون المحاربين أكثر فاعلية من جهود وزارة العمل والتأهيل.

ويتفاوت الاعتقاد بسهولة العثور على وظيفة وأفضليات العمل تبعاً لنوع الجنس، مع إفادة عدد أكبر من الإناث عن الذكور بالحاجة إلى العثور على وظائف غير يدوية. وترى نسبة 30 في المائة من الإناث أنه يمكن أن يكون من الأسهل على الذكور أن يجدوا وظائف، وذكرن على سبيل المثال أن الذكور ربما يُنظر إليهم على أنهم متاحون للعمل بدرجة أكبر. وتتمثل العقبة الكبرى التي ذكرتها الإناث من الباحثين عن عمل في ظنهن أنه لا توجد وظائف أو أوضاع وظيفية مما يفضلن. وساد الاعتقاد بأن الوظيفة المفضلة لابد أن تكون وظيفة غير يدوية (كالنادلات أو مدبرات المنازل) في بيئة لا تكون المرأة فيها عرضة للتحرش ويمكن الانصراف منها في وقت مبكر بما يكفي للعودة إلى المنزل قبل حلول الليل. ومن العقبات الأخرى التي ذُكرت القيود الأسرية أو مسؤوليات الأطفال؛ أو الاعتقاد بضعف مساندة الأزواج أو الآباء لعملهن. ومن بين 17 باحثة عن عمل، لم تكن هناك سوى اثنتين فقط تريان أنه لا توجد عقبات أمام عثورهن على عمل.

وأشار أكثر المحاربين الذين شملهم هذا التقييم إلى أنهم حددوا ما يريدون من وظائف وينتظرون تحققها في المستقبل القريب، أو إلى أنهم يعملون بشكل كامل مع كتائبهم. ومن بين 16 محارباً شملهم الاستقصاء، كان 90 في المائة (15 من 16) عاطلين عن العمل.[4] وتفاوتت أعمار المحاربين النشطين ما بين 22 و 37 سنة، منهم 30 في المائة أتموا التعليم الابتدائي، و 30 في المائة أتموا التعليم الثانوي، و40 في المائة أتموا التعليم العالي. وكانت لدى 82 في المائة خبرة عمل سابقة، عادةً في أعمال يدوية (كعمال نظافة، وعمال بمحطات البنزين، ومندوبي مبيعات، وسائقي سيارات أجرة). وكان ثمانية منهم يعملون بدوام كامل لدى كتائبهم؛ وفضل اثنان منهم البقاء ضمن قوة الأمن (الشرطة أو الجيش)؛ وأبدى ثلاثة منهم تفضيلهم العودة إلى التعليم؛ وثلاثة آخرون العثور على وظيفة، وواحد القيام بعمل حر.

تصنيف سمات الباحثين عن وظائف حسب النوع

ينقسم الليبيون الباحثون عن عمل، وفقا للبحث الميداني، إلى ثماني فئات (انظر الشكل 4-5). ولدى كل فئة منهم أفضليات واحتياجات معينة للالتحاق بوظيفة. ويساعد مثل هذا التقسيم في تصميم وتوجيه برامج التوظيف والتدريب، فضلاً عن إعداد الإصلاحات اللازمة

لتحسين عملية تطوير الأيدي العاملة والنظام التعليمي. ويستند تقسيم السمات إلى تحليل وتجميع أبرز خصائص العاطلين عن العمل (انظر الإطار 4-3).

ويمثل الباحثون بنشاط عن عمل 15 في المائة من العاطلين عن العمل الذين شملهم التقييم. وأكثر هؤلاء من الخريجين الذين لا يمتلكون خبرة عمل سابقة ممن تقدموا بعدة طلبات توظيف خلال الشهرين السابقين. ويأتي هؤلاء عادة من أسر متدنية الدخل (أي ما يقل عن 880 دينارا ليبياً للأسرة في الشهر، مقابل المتوسط العام البالغ 1360 ديناراً في الشهر للأسرة). وعادةً ما يكون هؤلاء مسجلين لدى وزارة العمل والتأهيل وهيئة شؤون المحاربين. ومع أنهم يفضلون العمل المهني غير اليدوي، فإن لديهم استعداداً على الأرجح لقبول وظائف خدمات يدوية (كالعمل أمناء صرف أو نادلين بالمطاعم والمقاهي). غير أن أساليبهم في البحث عن عمل لا تتسم عادة بالدأب والهمة. وغالباً ما يُنظر إلى التقدم بطلب وظيفة بوصفه الاتصال هاتفياً بأشخاص آخرين لرؤية ما إذا كان لديهم علم بفرص عمل متاحة، والعديد منهم لم يقوموا بتوزيع سيرة ذاتية محدّثة. إلا أن هذه الفئة عادة ما تكون لديها حوافز قوية، ويرجع ذلك في جانب منه إلى محدودية دخل الأسرة أو لأنهم من ذوي المهارات العالية نسبيا. ويُرجح أن يستفيد هؤلاء من الإرشاد لسبل العثور على وظيفة وأن يصبحوا مرشحين للقيام بخدمات توفيق الوظائف بين العرض والطلب.

ويشكل الباحثون عن عمل بهمة ونشاط إلى حد ما 15 في المائة من العاطلين عن العمل منذ مدة طويلة (ستة أشهر على الأقل) ويظنون أن باستطاعتهم العثور على وظيفة دونما حاجة إلى مساندة توظيفية أو أنشطة بحث عن العمل بهمة ودأب. والباحثون عن عمل ممن ينتمون لهذه الفئة يكونون عادةً من الذكور الذين يمتلكون بعض الخبرة العملية السابقة ويبحثون على نحوٍ متقطع عن وظيفة. وعادة ما يكون هؤلاء ممن يعيشون مع أسرهم ويعتمدون عليها في الإعالة. ويحمل هؤلاء في العادة شهادة تعليم ثانوي ولكنهم غير راغبين في العمل اليدوي أو الوظائف الخدمية اليدوية لأنهم ينظرون إلى هذه الوظائف باعتبارها تتطلب جهداً جسدياً. ونظراً للفكرة السائدة عن الراتب الثابت والأمن الوظيفي، فإن أفضلياتهم تنحصر في العمل بالقطاع العام.

غير أنهم يودون أيضاً فتح أعمال خاصة بهم، كمتاجر التجزئة الصغيرة (مثل معارض بيع السيارات، والمقاهي، ومحلات الذهب والحلي). وفي الوقت نفسه، فإنهم لم يعدوا خططا لذلك ويفترضون أنهم لن يجدوا التمويل اللازم. ويفترض هؤلاء الباحثون عن عمل أن الوظائف المرجح توافرها أمامهم ستكون وظائف إدارية أو مناصب إدارية متوسطة المستوى، ولكن ليست لديهم فكرة واضحة عن أين يمكنهم العثور على المعلومات الخاصة بفرص العمل المتاحة. وهم ليسوا من المسجلين لدى وزارة العمل والتأهيل، ونصفهم فقط ممن سجلوا أنفسهم لدى هيئة شؤون المحاربين. كما أنه لم يكن لهم على الأرجح دور قتالي، وإن كان لهم فقد يكون دوراً لوجستياً، وقد يستمرون في انتمائهم للكتائب العسكرية. ويرغب هؤلاء الباحثون عن عمل بوجه خاص في العمل بالقطاع العام وأن تكون لديهم قدرة أكبر على الحصول على تمويل وقروض لإنشاء مشاريع صغيرة أو متوسطة، لكنهم قد يستفيدون من الحصول على تدريب مهني تحويلي.

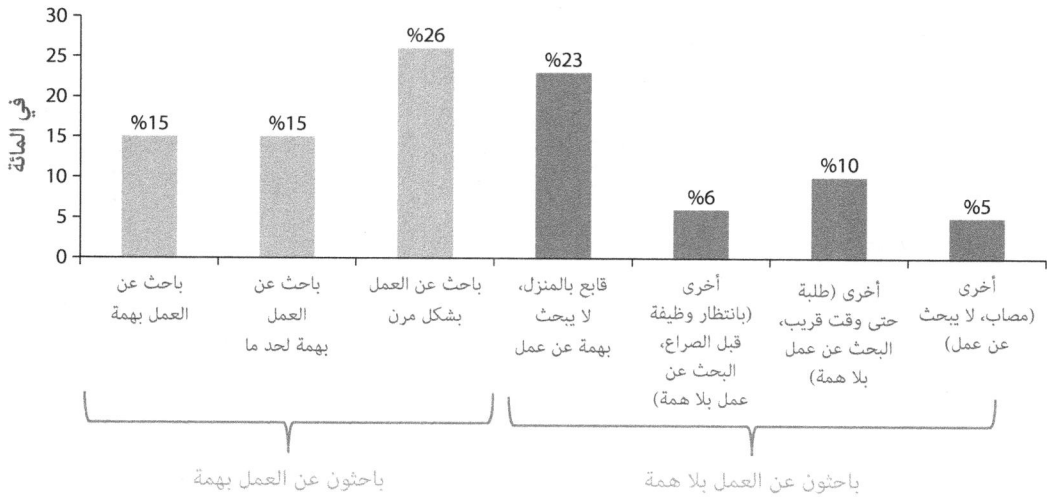

الشكل 4-5 سمات الباحثين عن عمل بين العاطلين

15
10
5
0
%15
%15
%6
%10
%5

المصدر: التقييم السريع لسوق العمل في ليبيا، البنك الدولي، 2012.

ديناميكيات سوق العمل في ليبيا • http://dx.doi.org/10.1596/978-1-4648-0714-5

الإطار 4-3 منهجية تطوير سمات الباحثين عن عمل

تم وضع سمات لمختلف أنواع الباحثين عن عمل بغية فهم نوع الوظائف والأفضليات التي تسعى إليها الفئات المختلفة. ومن بين قرابة 350 من العوامل المتغيرة التي جُمعت أثناء التقييم، اعتُبر 12 بعداً هي الأكثر صلة لفهم مختلف أنواع الباحثين عن عمل في ليبيا. وتم إجراء تحليل يُعرف باسم العنقود ثنائي الخطوات على تلك المتغيرات لتحديد 10 تقسيمات نوعية متمايزة. والأبعاد التي استُخدمت في وضع تلك التقسيمات هي:

- **الوضع الوظيفي:** موظف بدوام كامل، بطالة مقنّعة (بدوام جزئي أو أقل كثيراً من مستواها النظري)، عاطل عن العمل.
- **نوع الجنس**
- **الفئة العمرية**
- **المكان:** المدينة
- **وضع البحث عن عمل:** على أساس عدد المرات التي قدم فيها الشخص طلباً خلال الشهرين الماضيين، ونوع وأساليب البحث عن وظيفة
- **خبرة العمل السابقة:** على أساس التاريخ الوظيفي. واعتُبر المشاركون الذين كانت لديهم أكثر من سنة من خبرة العمل ذات الصلة ذوي خبرة عمل سابقة.
- **المستوى التعليمي:** ابتدائي، ثانوي (عام أو مهني)، أو تعليم عالٍ
- **التدريب المهني:** ما إذا كان مقدم الطلب قد تلقى تدريباً مهنياً
- **المهارات:** مستوى المهارات المختلفة حسب التصنيف الذاتي
- **الدعم الأسري:** مستوى الدعم المالي، أو السكني، أو الغذائي الذي يتلقاه الشخص من أفراد الأسرة
- **الاستعداد لقبول وظائف يدوية أو فنية**
- **الاستعداد لقبول وظائف خدمية يدوية** (كنادل أو أمين صرف).

المصدر: التقييم السريع لسوق العمل في ليبيا، البنك الدولي، 2012.

كما أن هناك باحثين عن عمل، يتصفون بالمرونة ويشكلون 26 في المائة من العاطلين، مستعدين لقبول أية وظيفة تقريباً، بما في ذلك الأعمال اليدوية. ويأتي هؤلاء في العادة من أسر يقل دخلها عن المتوسط السائد في البلاد (679 ديناراً ليبياً في الشهر مقارنة بالمتوسط العام للعينة والبالغ 1363 ديناراً في الشهر). ومن بين الأعمال التي يفضلونها الكهرباء والنجارة ومشغلو معدات المصانع ومشغلو معدات الإنشاءات (7 من 9)؛ والأعمال الميكانيكية (6 من 9)؛ ومساعدو المتاجر، ومندوبو مبيعات، أو أمناء الصرف (5 من 10). ويأتي في قائمة الأعمال التي يفضلونها: منظفو الشوارع (1 من 10)؛ وعمال البناء (2 من 10)؛ وعمال المزارع أو السباكة (3 من 10)، وعمال الطلاء ونادلو المطاعم أو المقاهي ومدبرو المنازل (4 من 10). وهذه الفئة قد تكون من المرشحين بقوة لتلقي التدريب المهني أو الالتحاق ببرامج التلمذة الصناعية.

ويمثل طالبو العمل غير النشطين القابعون في بيوتهم 23 في المائة من العاطلين. وهم يتألفون إلى حد كبير من المتزوجات غير العاملات، وإلى حد أدنى من غير المتزوجات. وتضم هذه الفئة المتزوجات اللائي قررن ألا يعملن (78 في المائة)، علاوة على غير المتزوجات اللائي أبدين رغبتهن في الزواج قبل العمل (22 في المائة). وكانت لبعض هؤلاء وظائف مؤقتة أثناء الدراسة. وأشارت اثنتان من هؤلاء الباحثين عن عمل إلى رغبتهما في العثور على وظائف وسجلتا لدى وزارة العمل والتأهيل لكنهما لا تفتشان بهمة ونشاط عن وظيفة باستثناء هذا التسجيل.

ويشكل غيرهم من الباحثين بلا همة عن عمل، بما في ذلك الخريجون الجدد والعمال الذين ينتظرون العودة إلى الوظائف التي كانوا يشغلونها قبل نشوب الصراع، 10 في المائة و 5 في المائة من العاطلين، على الترتيب. ولا تنطبق على هذه الفئات سمات شريحة بعينها. فهناك أربعة أفراد (بينهم اثنان من المحاربين) تقدموا بالفعل بطلبات للحصول على وظائف ويشاركون في عملية البحث. ووقت إجراء المقابلات، كان أحد الأفراد ينهي عملية إعداد الأوراق اللازمة للانضمام لقوة الشرطة. وكان آخر قد بدأ لتوه العمل مطوراً لتطبيقات الهاتف المحمول؛ وآخران كانا يخططان للعودة إلى وظيفتيهما السابقتين قبل نشوب الصراع في شركات تعطلت أنشطتها أثناء الصراع. وكان أربعة من المشاركين في الاستقصاء، وهم اثنان من المحاربين السابقين وامرأتان، من الخريجين الجدد وقالوا إنهم سيستمرون في التعليم أو سيسعون بنشاط للحصول على وظيفة في المستقبل القريب. وكان شخصان آخران، يشكلان 5 في المائة من العاطلين، ممن أصيبوا جسديا أثناء الصراع ولذلك صارا غير قادرين على العمل.

الشكل 4-6 الدخل كما أفاد المشاركون أنفسهم حسب نوع الجنس

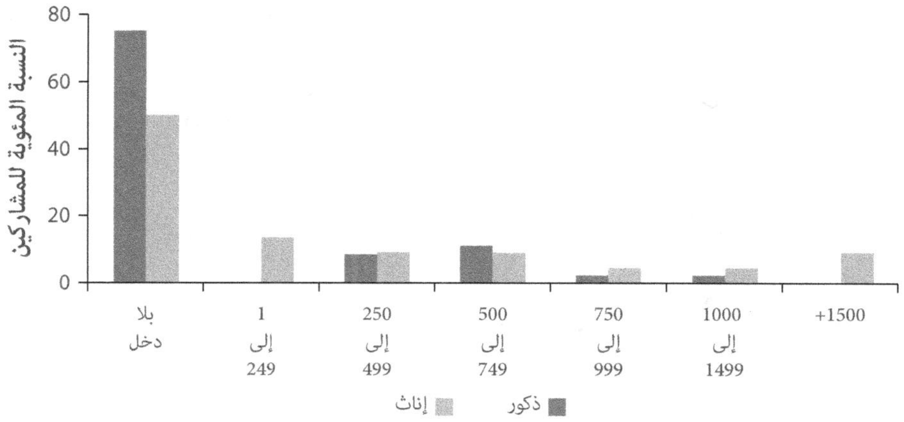

المصدر: البنك الدولي، 2012، التقييم السريع لسوق العمل في ليبيا، واشنطن العاصمة.

ويشكل العاطلون الباحثون عن عمل 8 في المائة من مجموع المشاركين في الاستقصاء ويميلون عادةً للعمل غير الرسمي في وظائف مؤقتة لمدد تقل في المتوسط عن ستة أشهر. والسائد أن يكون هؤلاء ممن تلقوا تعليماً ابتدائياً أو ثانوياً ويأتون من أسر منخفضة أو متوسطة الدخل. ويميل من يعانون من البطالة المقنعة الذين يبحثون باستمرار عن وظيفة إلى العمل بمتاجر التجزئة أو الخدمات وهم أقل رغبة في قبول أي عمل يدوي.

وهؤلاء الباحثون عن العمل يأتون بدرجة أعلى من مصراتة وبنغازي أكثر مما يأتون من المناطق الغربية. وتفضل هذه الفئة عادةً الوظائف الحكومية بغية تحقيق الأمن الوظيفي والاستقرار. وبالنظر لتمتع هذه الفئة ببعض الخبرة العملية السابقة، فإن أفرادها سيستفيدون من برامج التلمذة الصناعية والارتقاء بالمهارات.

ويشكل العاطلون الباحثون عن وظائف بدوام كامل 22 في المائة من كافة المشاركين في الاستقصاء ويبحثون بين الحين والآخر عن عمل. وعادةً ما يكونون من الحاصلين الذين تلقوا تعليماً أعلى من المتوسط السائد بين الباحثين عن عمل من أفراد العينة وتقل رغبتهم في قبول الأعمال اليدوية. ومن بين الثمانية باحثين عن عمل في هذه الفئة، يعمل أربعة أفراد لحساب شركات خاصة، واثنان مع منظمات غير هادفة للربح، واثنان لحساب الحكومة. وهم يفيدون بحصولهم على أجور تتراوح من 280 إلى 1500 دينار ليبي في الشهر (انظر الشكل 4-6). وفي هذه العينة، كان متوسط الراتب حسب إفادات الإناث أعلى إلى حد ما مما أفاد به الذكور (580 ديناراً في الشهر مقابل 450 ديناراً على الترتيب).

الاستنتاجات

لتكملة إحصاءات الأيدي العاملة، هناك عوامل مهمة تتصل بالعثور على عمل مربح في ليبيا، من بينها الدوافع، والمساندة الأسرية، وشبكات الاتصال الشخصية. واستناداً إلى تقييم متعمق، تمثل ثلاث فئات من الباحثين عن العمل فيما يبدو غالبية طالبي الوظائف وهي: الباحثون بهمة ونشاط عن عمل، والعاطلون جزئيا الباحثون عن عمل، والباحثون عن عمل من ممن يعملون بدوام كامل لكنهم يتطلعون إلى وظائف أفضل. وعلى الأمد القصير، توجد فرصة لمساندة هذه الفئات الثلاث الرئيسية من الباحثين عن عمل من خلال السياسات والبرامج التي تعتمد على الشركات في توفير التدريب، وبرامج الإرشاد إلى الوظائف، وخدمات البحث عن عمل من خلال القطاع العام أو الخاص أو كليهما. وسيكون تدعيم المهارات المهنية والمعرفية وغير المعرفية التي تتجاوز تكنولوجيا المعلومات واللغات أمراً بالغ الأهمية، وأفضل السبل لتحقيق ذلك من خلال الشراكات القوية مع شركات القطاع الخاص.

حواشي

1. البنك الدولي، تقييم مناخ الاستثمار في ليبيا، *2010* (واشنطن العاصمة: البنك الدولي، 2011).

2. البنك الدولي، التقييم السريع لسوق العمل في ليبيا (واشنطن العاصمة: البنك الدولي، 2012).

3. أشار الباحثون عن عمل إلى استعانتهم بالمواقع الإلكترونية التالية في البحث عن عمل:
    www.libyaninvestment.com, www.ly.opensooq.com, and www.jobs.ly.

4. أشار 52 في المائة آخرون (35 مشاركاً) إلى أنهم "شاركوا" في الصراع لكنهم لا يُعتبرون محاربين.

الفصل الخامس

وجهات نظر الشركات: الاستثمار في مناخ الأعمال

مقدمة

في إطار هذا التقرير، شمل التقييم أيضاً تقييم القطاعات الاقتصادية الستة التي تمثل على الأرجح تلك التي تمتلك أكبر القدرات على خلق فرص العمل، ذلك بغية الكشف عن عوائق مناخ العمل والمهارات التي تعرقل النمو والتوظيف. وهذه القطاعات التي شملها التقييم هي: الصناعات التحويلية، والإنشاءات، والتجارة، والخدمات، والضيافة، والزراعة/مصائد الأسماك. ومع أن القطاع الخاص الليبي بدأت تظهر عليه علامات التعافي قبل حلول عام 2014، فإن شركات أجنبية كثيرة كانت قد رحلت عن ليبيا في بداية الثورة. وغالبا ما يكون الملاك الوظيفي للمؤسسات المملوكة للدولة كاملا، لكنها لا تكاد تعمل، ويرجع ذلك بدرجة كبيرة إلى حالة الضبابية السياسية. ولتقييم احتياجات أرباب الأعمال ووجهات نظرهم (انظر الإطار 5-1)، يتضمن هذا الفصل تقييماً لثلاثة مجالات هي:

- وضع تقسيم لأنواع القطاعات الاقتصادية والشركات، بما في ذلك منظور خلق فرص العمل؛ وسمات التوظيف؛ والمهارات المطلوبة بالمشاريع الصغيرة والمتوسطة والكبيرة
- الخيارات المتاحة لإستراتيجيات استيعاب الأيدي العاملة على الأمد القصير إلى المتوسط لقطاعات وشركات معينة
- عرض عام لأبرز العوائق التي تعرقل استيعاب الأيدي العاملة، بما في ذلك التساؤلات مثل "هل ستقوم مؤسسات الأعمال في ليبيا بتوظيف الليبيين؟"، و "هل يمكن لمؤسسات الأعمال الصغيرة في ليبيا أن تستفيد من برامج التنمية الوطنية؟"، و "ما هو مدى استعداد الشركات للإنفاق على الاستثمار في تدريب العمال، سواء لديها أو خارجها؟"

النمو والتوظيف

يهيمن استخراج النفط والغاز على الاقتصاد الليبي. وأسهم هذا القطاع بقرابة 54 في المائة من إجمالي الناتج المحلي في عام 2011 لكنه تراجع في 2012–2013 نتيجةً لعدم استقرار الأوضاع السياسية. وبالمقارنة، تعد القطاعات الإنتاجية الأخرى صغيرة نسبياً. وأكبر القطاعات التالية له هي الإنشاءات (8.7 في المائة)، والعقارات والأنشطة المهنية (7.1 في المائة)، والصناعات التحويلية (6.9 في المائة) (انظر الشكل 5-1). ومما زاد من حدة مشكلتي تراجع عائدات النفط والغاز بسبب الاضطرابات السياسية وعدم وجود منافس إنتاجي مقارب أنه لا يوجد قطاع آخر يستطيع أن يكون نداً لقطاع النفط والغاز في الرواتب، والتدريب، والخبرة الدولية.

الإطار 5-1 تصميم التقييم السريع لسوق العمل على جانب الطلب

في إطار هذا التقرير، شمل التقييم السريع تقييم 61 شركة ليبية وقع عليها الاختيار على أساس المكان، والقطاع، والملكية (عامة أم خاصة) (انظر الجدول ب 5-1-1). وكانت 38 شركة منها تتخذ من طرابلس مقراً لها، و13 في مصراتة، و 10 في بنغازي. وجرت المقابلات مع 10 شركات تقريباً حسب القطاع، وكانت تلك القطاعات هي الصناعات التحويلية، والإنشاءات، والتجارة، والخدمات، والضيافة، والزراعة وصيد الأسماك. وكانت 49 شركة منها شركات خاصة،

الإطار يستمر الصفحة التالية

الإطار 5-1 تصميم التقييم السريع لسوق العمل على جانب الطلب (تابع)

في حين كانت 12 مملوكة للدولة. وتم أخذ حجم الشركة أيضاً في الاعتبار: إذ انقسمت الشركات التي وقع عليها الاختيار إلى شركات صغيرة (أقل من 20 موظفاً)، ومتوسطة (20–100 موظف)، وكبيرة (أكثر من 100 موظف). وبلغ عدد الموظفين بالشركات التي وقع عليها الاختيار (61 شركة) إجمالا 13786 شخصاً، بمتوسط يبلغ 31 موظفاً للشركة الواحدة. وتفاوتت أحجام الشركات من 3 موظفين (وهي شركة لإصلاح الأحذية) إلى 1930 موظفاً (بشركة إسمنت).

الجدول ب5-1-1 القطاعات التي جرى تقييمها حسب إجمالي عدد الشركات والموظفين

القطاع	عدد الشركات	إجمالي عدد الموظفين
الصناعات التحويلية	10	4,719
الإنشاءات	10	2,300
التجارة	8	2,185
الخدمات	12	1,990
الضيافة	13	1,785
الزراعة/صيد الأسماك	8	807
الإجمالي	**61**	**13,786**

المصدر: البنك الدولي، 2012، التقييم السريع لسوق العمل في ليبيا، واشنطن العاصمة.
ملاحظة: بلغ إجمالي عدد الوظائف غير المشغولة 341 من إجمالي 14127 وظيفة.

الشكل 5-1 التوزيع القطاعي إلى إجمالي الناتج المحلي، 2011
بملايين الدولارات الأمريكية في السنة، في المائة

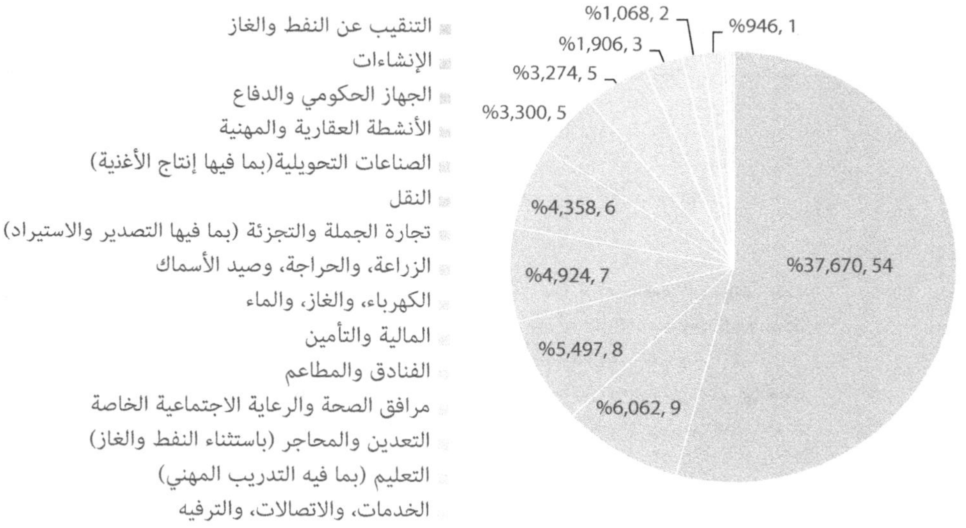

التنقيب عن النفط والغاز
الإنشاءات
الجهاز الحكومي والدفاع
الأنشطة العقارية والمهنية
الصناعات التحويلية(بما فيها إنتاج الأغذية)
النقل
تجارة الجملة والتجزئة (بما فيها التصدير والاستيراد)
الزراعة، والحراجة، وصيد الأسماك
الكهرباء، والغاز، والماء
المالية والتأمين
الفنادق والمطاعم
مرافق الصحة والرعاية الاجتماعية الخاصة
التعدين والمحاجر (باستثناء النفط والغاز)
التعليم (بما فيه التدريب المهني)
الخدمات، والاتصالات، والترفيه

المصدر: بيانات مصرف ليبيا المركزي،٢٠١١.

ولكن مقارنةً بالقطاعات الأخرى، فإن فرص التوظيف بقطاع النفط والغاز تُعد محدودة (انظر الجدول 5-1). فهذا القطاع لا يوظف سوى قرابة 4 آلاف ليبي فقط. ويعتبر هذا التقرير أن قدرة هذا القطاع على استيعاب الأيدي العاملة على الأمد القصير (باستثناء فرص التدرب القليلة بالمقر الرئيسي) محدودة نسبيا بسبب متطلبات القطاع من حيث ارتفاع المهارات اللازمة والعمل في مناطق نائية. وفي الأمد الأطول، وبغض النظر عن أية عوامل خافية كضخ استثمارات كبرى جديدة أو إدخال تعديلات على قانون العمل، يُرجح أن تحوم معدلات نمو استخراج النفط والغاز حول نسبة الستة في المائة التي تحققت في عام 2009. ويمكن أن يُترجم هذا النمو إلى قرابة ألف وظيفة جديدة سنوياً، وهو ما قد يجتذب ألمع وأفضل الباحثين عن عمل في ليبيا.

وخارج قطاعي التعليم والدفاع التابعين للقطاع العام، توظف تجارة الجملة والتجزئة أكبر عدد من الأيدي العاملة ويُقدّر بحوالي 80 ألف ليبي. وقد أظهرت السنوات المنصرمة نمواً اسمياً للقطاع بلغت نسبته نحو 8 في المائة، وهو ما يزيد قليلاً عن معدل النمو

الجدول 5-1 الأيدي العاملة النشطة حسب القطاع الاقتصادي في ليبيا، 2011

القطاع	إجمالي الناتج المحلي 2010 (بالمليون دولار أمريكي في السنة)	الحصة من إجمالي الناتج المحلي (% من الإجمالي)	2008-09 النمو الاسمي (%)	التشغيل (بالألف)	حصة التوظيف (% من قوة العمل النشطة)
استخراج النفط والغاز	37,670	54.1	6.2	40,000	3
الإنشاءات	6,062	8.7	26.4	35,000	3
الحكومة والدفاع	5,497	7.9	3.0	790,000	57
العقارات والأنشطة المهنية (أ)	4,924	7.1	7.5	20,000	1
الصناعات التحويلية (بما فيها إنتاج الأغذية)	4,358	6.3	11.4	50,000	4
النقل (أ)	3,300	4.7	6.2	25,000	2
تجارة الجملة والتجزئة (بما فيها التصدير والاستيراد)	3,274	4.7	8.8	80,000	6
الزراعة والصيد والحراجة(ب)	1,906	2.7	6.0	19,000	1
الكهرباء والغاز والمياه	1,068	1.5	10.9	50,000	4
التمويل والتأمين (أ)	946	1.4	9.3	15,000	1
الفنادق والمطاعم (أ)	164	0.2	9.0	15,000	1
الرعاية الصحية والاجتماعية الخاصة (أ)	132	0.2	5.8	15,000	1
التعدين والمحاجر (ما عدا النفط والغاز) (أ)	115	0.2	12.5	5,000	0
التعليم (بما فيه التدريب المهني) (أ)	107	0.2	9.8	200,000	15
الخدمات، والاتصالات، والترفيه (أ)	73	0.1	11.0	20,000	1.5
الإجمالي	**69,596**	**100**		**1,379,000**	**100**

المصدر: حجم القطاع والنمو: بيانات مصرف ليبيا المركزي، الربع الأخير، 2010. التوظيف حسب القطاع: مصلحة الإحصاء والتعداد، بيانات 2010.
ملاحظة: التوظيف يعكس المواطنين الليبيين. (أ) تقديرات المؤلفين لحجم التوظيف
(ب) تشير تقارير أخرى إلى أن حجم العمالة في الزراعة تبلغ نسبته 9.4 في المائة. إلا أن هذا التقدير يشمل على الأرجح العمالة الأجنبية.

الاسمي لإجمالي الناتج المحلي الوطني (قرابة 6 في المائة عام 2010). غير أن النمو في فترة ما بعد الثورة كان مرتفعاً، حيث تقدم 70 في المائة من الشركات المسجلة حديثاً في طرابلس خلال الأشهر الستة الأولى من عام 2012، ومجموعها 4200 شركة، بطلبات للحصول على تراخيص تصدير واستيراد.[1] وإذا ما انعكس هذا التوجه على بنغازي ومصراتة، وهما ثاني وثالث أكبر أسواق العمل في ليبيا، فمن المحتمل أن يكون قد تم بالفعل خلق 5 آلاف إلى 10 آلاف فرصة عمل جديدة. وعلاوة على ذلك، فإن هناك إمكانيات كبيرة لحدوث نمو قوي في التوظيف مستقبلاً لأن من المتوقع للاستهلاك المحلي بشكل عام أن يزيد من خلال تحسين توزيع الثروة النفطية.

وفي الأمد المتوسط (خلال سنتين)، يُرجح أن يصبح قطاع الإنشاءات مصدراً مهماً للتوظيف. ويوظف القطاع قرابة 35 ألف ليبي فقط، لكن النمو الاسمي قبيل الثورة مباشرة كان مرتفعاً للغاية، إذ بلغ حوالي 26 في المائة سنوياً. وفي الأمد القصير، سيكون النمو متواضعاً لأن الكثير من المشاريع الكبرى التي ترعاها الحكومة متوقفة لحين استقرار الوضع السياسي. وقد أفادت اللجنة العامة للمشاريع، وهي قسم من أقسام وزارة الإسكان والبنية التحتية، بأنه من بين 12 ألف مشروع بناء كان قيد الإنشاء قبيل الثورة مباشرة لم يكن هناك في عام 2012 سوى 400 مشروع فقط لم يزل العمل بها جارياً. غير أن المكون الإنشائي بالإستراتيجيات الجديدة للتنمية الوطنية قد يدفع، في الأمد الأطول، بقطاع الإنشاءات للانتعاش مرة أخرى، وإضافة ما يمكن أن يصل إلى 4 آلاف وظيفة جديدة في السنة. وإذا ما استطاعت برامج التدريب المهني أن تبدأ في إحلال المواطنين محل العمالة الأجنبية بالمشاريع الإنشائية الكبرى، فإن قدرة قطاع الإنشاءات على استيعاب الأيدي العاملة يمكن أن ترتفع أكثر.

وبالمثل، يُتوقع لقطاع الصناعات التحويلية أن يسهم بدرجة ملموسة في خلق فرص العمل. وقد استفاد هذا القطاع، الذي يعمل به 50 ألف ليبي، من إستراتيجية وضعتها الحكومة في الآونة الأخيرة لتنويع النشاط الاقتصادي. ويُرجح أن تكون هذه الإستراتيجية قد أسهمت في تحقيق نمو اسمي قوي نسبته حوالي 11 في المائة، وهو ما يمكن ترجمته إلى قرابة 3 آلاف فرصة عمل جديدة سنوياً. وتبرز في هذا

المجال الصناعات الغذائية باعتبارها من فرص النمو بوجه خاص. فليبيا تستورد 75 في المائة من متطلباتها الغذائية.[2] ولا تجهز ليبيا لأغراض التصدير أية كميات تُذكر من التمر، أو الزيتون، أو الأسماك التي تُحصد بكميات ونوعيات ملائمة للتصدير. ويمكن للمشاريع الجديدة الناشئة في هذا القطاع الفرعي أن تستفيد من تدني المتطلبات الرأسمالية بالمقارنة بغيره من القطاعات الفرعية مثل مكون الصناعات التحويلية الذي يدخل في مجال استخراج النفط والغاز.

ويتفاوت حسب القطاع حجم الإسهام في خلق فرص العمل من جانب المؤسسات المملوكة للدولة والمشاريع الصغيرة والمتوسطة والكبيرة. ففي قطاع الإنشاءات، تدار التعاقدات الأضخم عادةً بواسطة الجهات التنفيذية التابعة للدولة، مثل هيئة تطوير المراكز الإدارية ومجلس الإسكان والاستثمار. وغالباً ما تكون الشركات التي تقوم على تنفيذ المشاريع تابعة لصندوق التنمية الاقتصادية والاجتماعية. وعادةً ما تعمل هذه الشركات من خلال شراكات مع شركات أجنبية كبيرة، وهي الشركات التي تجلب معها عادةً القوى الأجنبية العاملة الخاصة بها. ومن المتوقع أن يتحقق النمو في قطاع الإنشاءات عبر إقامة شركات إنشاء ليبية أصغر يتم التعاقد معها من أجل تنفيذ المشاريع غير

الشكل 5–2 مستوى التعافي الاقتصادي في ليبيا قياساً على النمو قبل الصراع حسب القطاع

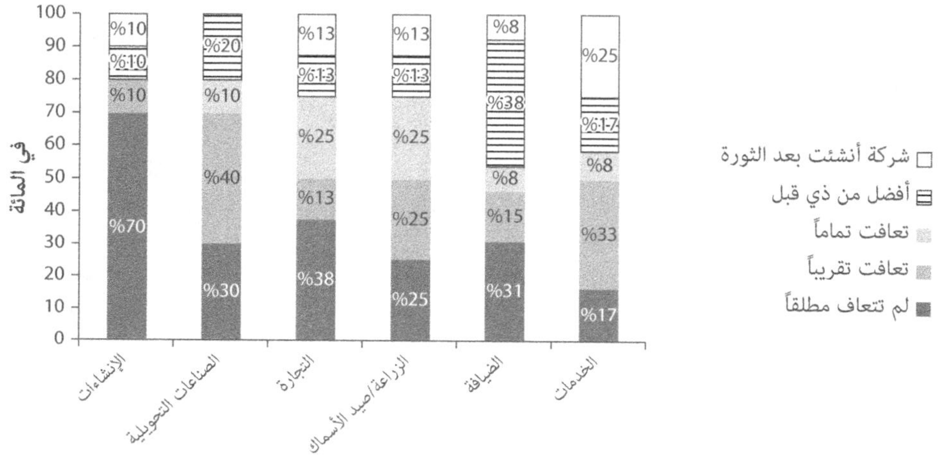

المصدر: البنك الدولي، 2012، التقييم السريع لسوق العمل في ليبيا، واشنطن العاصمة.

الشكل 5–3 آفاق النمو خلال ستة أشهر في مقابل سنتين

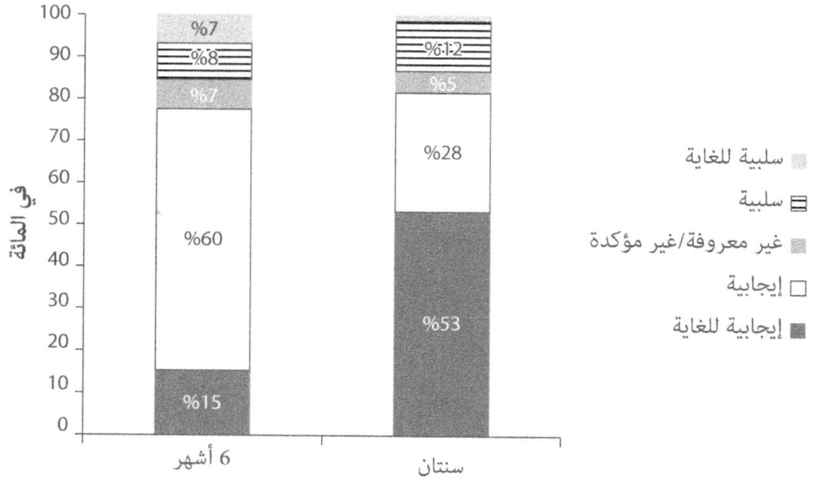

المصدر: البنك الدولي، 2012، التقييم السريع لسوق العمل في ليبيا، واشنطن العاصمة.

الحكومية أو التعاقد من الباطن معها بواسطة الشركات الأكبر. وقد لا تستعين الشركات الكبرى نفسها بالكثير من الأيدي العاملة لكنها قد تقوم بتوظيف المديرين.

ويتألف قطاع تجارة الجملة والتجزئة في ليبيا بالدرجة الأولى من شركات خاصة غير رسمية متناهية الصغر أو صغيرة.[3] ويبدو أن ما تحقق من نمو عقب الثورة في هذا القطاع يسير أيضاً في هذا الاتجاه. غير أن دخول سلاسل المتاجر الكبرى الأجنبية المتوقع على الأمد المتوسط قد يحدث تغيراً في هذا القطاع. ويبدو قطاع الصناعات التحويلية مقسماً بين شركات الصناعات التحويلية الخاصة الأصغر التي تنتج عادةً مواد ذات صلة بالإنشاءات (مثل لبنات البناء والهياكل المصنَعة)،[4] وشركات الصناعات التحويلية الأكبر التابعة للدولة التي تنتج سلعاً أساسية مثل البتروكيماويات، والإسمنت، والصلب، والطحين علاوة على بعض المنتجات الخاصة (مثل عصائر الفاكهة، والسجائر، والدراجات).

وعلى الرغم من ضبابية المشهد فيما يتعلق بسرعة التعافي الاقتصادي، أشار معظم الشركات إلى أنها تتوقع نمواً إيجابياً خلال الأشهر الستة المقبلة ونمواً سريعاً خلال سنتين. وأفادت نسبة 44 في المائة من الشركات بأنها خسرت عمالا نتيجة للصراع. ورغم ذلك، أفادت غالبية الشركات في عام 2012 بأنها قد تعافت في أعقاب الصراع، باستثناء الشركات العاملة في قطاع الإنشاءات (انظر الشكل 5–2). وأفادت 70 في المائة من الشركات العاملة بقطاع الإنشاءات بأنها لم تتعاف على الإطلاق، وتلتها في ذلك شركات التجارة (38 في المائة) والصناعات التحويلية (31 في المائة). وعلى الرغم من تأثير الصراع، أفادت نسبة 75 في المائة من الشركات بأن لديها شعوراً إيجابياً بشأن النمو خلال الأشهر الستة المقبلة، ولاسيما تلك العاملة في قطاع الخدمات (الإعلامية، والقانونية، وتكنولوجيا المعلومات، والصناعات الغذائية) (انظر الشكل 5–3). وكانت نسبة 82 في المائة من الشركات تعتقد أن النمو سيتسارع في غضون سنتين، بغض النظر عن الصراع حتى عام 2014. وكان قطاعا الصناعات التحويلية والخدمات هما الأكثر تفاؤلاً (80 في المائة و 73 في المائة، على الترتيب). وظل قطاع الإنشاءات هو الأكثر سلبيةً، إذ توقعت نسبة 30 في المائة من الشركات نمواً سلبياً خلال السنتين المقبلتين. وكان من بين الأسباب التي استند إليها من يتوقعون نمواً سلبياً القواعد التنظيمية المقيِّدة للتجارة، وقلة إبرام تعاقدات لقيام مؤسسات شراكة بين القطاعين العام والخاص (وبالذات في قطاع الإنشاءات)، والمنافسة الناشئة.

وتتوقع الشركات خلق فرص عمل من أجل تسريع معدلات النمو، مع قيام 45 في المائة من الشركات بالتخطيط لخلق وظائف في غضون ستة أشهر. وفي عام 2012، كانت توقعات خلق فرص العمل يصل مجموعها إلى 600 وظيفة، أي بمعدل نمو للعمالة يبلغ 6.3 في المائة، في غضون فترة ستة أشهر (انظر الشكلين 5–3 و 5–4). وكان المتوقع أن يكون خلق أكثر الوظائف في قطاع الضيافة (250)، ويليه قطاع التجارة (150)، والصناعات التحويلية (100). غير أن الشركات شعرت في معظمها بأن الفرص الجديدة الفورية سيشغلها عمال أجانب، مع توقع أن يشغل الليبيون 27 في المائة فقط (في قطاعات الضيافة، والإنشاءات، والمؤسسات المملوكة للدولة).

وفيما يتعلق بمناخ الأعمال، نادت معظم الشركات بإدخال إصلاحات لتبسيط الإجراءات وزيادة القدرة على الحصول على التمويل وخدمات الأعمال، بما في ذلك تنمية مهارات رواد الأعمال الحرة الجدد. ومعظم الشركات مسجلة لدى واحدة من الغرف التجارية المحلية الأربع عشرة أو إحدى روابط الأعمال، أو كليهما. وكانت نسبة 70 في المائة مسجلة لدى إحدى الغرف التجارية و 23 في المائة لدى روابط الأعمال. وتتألف معظم الأخيرة من شركات خاصة تعمل بالإنشاءات، أو الصناعات التحويلية، أو التجارة. وتُستخدم الغرف التجارية في المقام الأول في إصدار التراخيص، والتسجيل، وبدرجة أقل في الحصول على المشورة الضريبية والتعاقدية (انظر الشكل 5–5). ومن أبرز

الشكل 5–4 آفاق النمو خلال الأشهر الستة التالية حسب القطاع

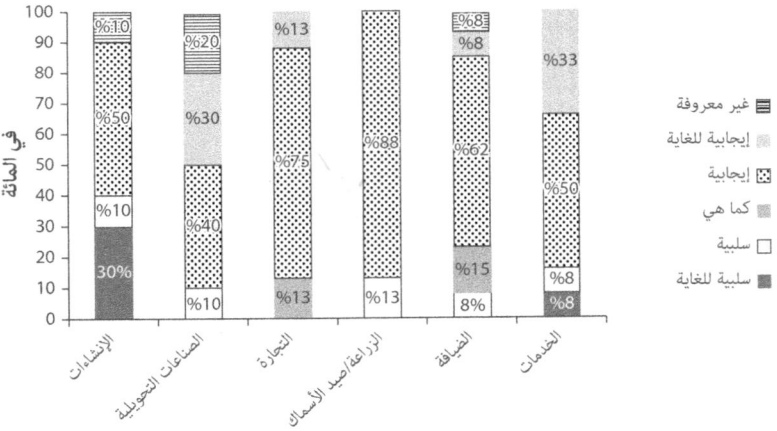

المصدر: البنك الدولي، 2012، التقييم السريع لسوق العمل في ليبيا، واشنطن العاصمة.

الشكل 5-5 طلب الشركات الليبية على الخدمات من الغرف التجارية، 2012

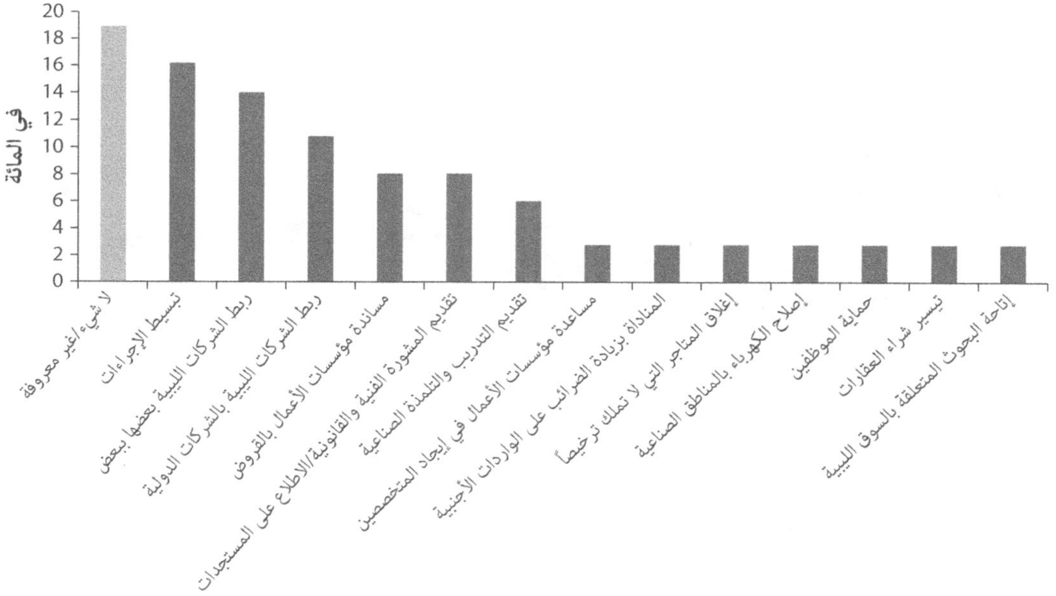

المصدر: البنك الدولي، 2012، التقييم السريع لسوق العمل في ليبيا، واشنطن العاصمة.

ما لوحظ مناداة 16 في المائة من الشركات بإدخال إصلاحات لتبسيط الإجراءات البيروقراطية، ولاسيما فيما يتعلق بالاستعانة بعمالة أجنبية وتسجيل الشركات. ومن بين التوصيات الأخرى تعزيز القدرة على الحصول على التمويل، والمشورة الفنية والقانونية، والتدريب.

ممارسات توظيف العمالة الوطنية والأجنبية

في أعقاب الثورة، كانت الغالبية العظمى من العمال المعينين بالقطاع الخاص والمؤسسات المملوكة للدولة من الليبيين. وكان ما يُقدَّر بنحو مليون عامل أجنبي قد رحلوا أثناء الصراع. ومن بين 13786 عاملاً بالشركات التي شملها التقييم في عام 2012، كان 94 في المائة من الليبيين. وقبل الثورة، كانت تقديرات تلك الشركات تفيد بأن 90 في المائة في المتوسط من الأيدي العاملة بها من الليبيين و 10 في المائة من الأجانب. ومن ثم، وبالنظر إلى أن العمال الأجانب كانوا يشكلون ما يُقدَّر بنحو 40 في المائة من إجمالي الأيدي العاملة (بالقطاعين الرسمي وغير الرسمي)، يُستنتج أن الغالبية العظمى من العمال الأجانب الذين رحلوا عن ليبيا كانوا يعملون على الأرجح بالقطاع غير الرسمي.

وكما كان متوقعاً، يظهر التقييم أن نسبة العمال الأجانب تبلغ ثلاثة أمثالها بالقطاع الخاص مقارنةً بالمؤسسات المملوكة للدولة. وكانت الشركة التي تضم الأيدي العاملة بها أكبر نسبة من العمال الأجانب هي إحدى شركات منتجات ألبان (17 في المائة، أي 100 في المائة من إجمالي عدد العاملين البالغ 600 شخص في غير موسم الإنتاج). ويشكل العمال الأجانب 14 في المائة من الأيدي العاملة في قطاع الضيافة، و 11 في المائة في الزراعة وصيد الأسماك، و 3 في المائة في الإنشاءات، و 1 في المائة في الخدمات. وكانت غالبية العمال الأجانب (85 في المائة) من بلدان الشرق الأوسط وشمال أفريقيا وبلدان مجاورة، و 15 في المائة من نيجيريا، و 10 في المائة من بنغلاديش. ومن بين بلدان المنطقة، يأتي 48 في المائة من جمهورية مصر العربية، و 28 في المائة من تونس، و 21 في المائة من السودان، و 20 في المائة من المغرب).

ويشغل العمال الأجانب بالقطاع الخاص في العادة وظائف فنية عالية التخصص أو شبه عالية في الصناعات التحويلية والأعمال الهندسية. وأفادت نسبة 72 في المائة من الشركات بأن العمال الأجانب يعملون فنيين أو مشغلي عمليات، وهي أكثر وظائف العمال الأجانب التي ذُكرت شيوعاً، وتليها الوظائف الأولية (العمالة اليومية) (انظر الشكل 5-6). وكذلك يشتغل العمال الأجانب بالوظائف ذات المهارة العالية أو المهنية، وإن كانت نسبة لا تتعدى 17 في المائة من الشركات تقوم بتشغيل عمال أجانب بوظيفة مديرين. ويبدو هذا النمط متماثلاً على اختلاف القطاعات.

الشكل 5-6 إفادات الشركات الليبية عن توظيف العمالة الوطنية في مقابل العمالة الأجنبية حسب المهنة

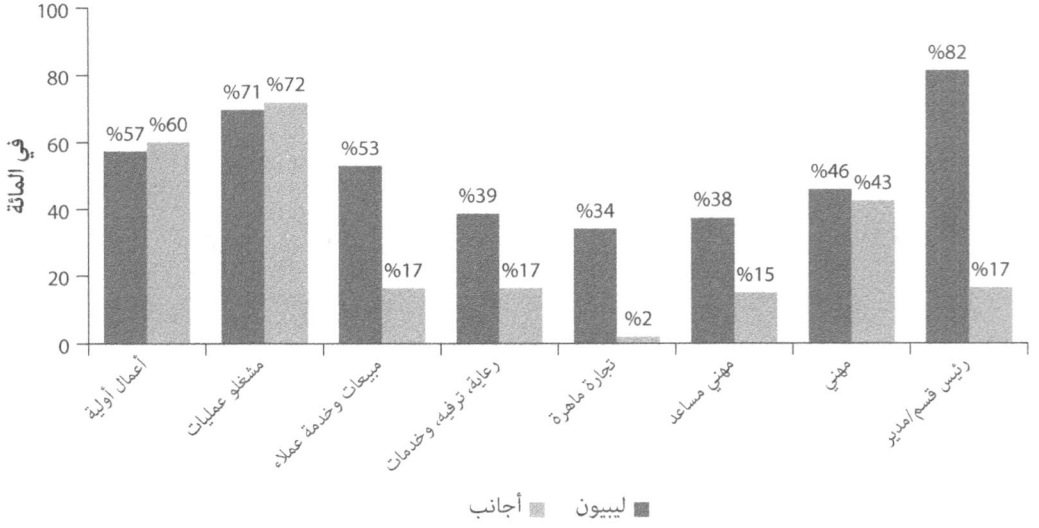

المصدر: البنك الدولي، 2012، التقييم السريع لسوق العمل في ليبيا، واشنطن العاصمة.

الشكل 5-7 سهولة الحفاظ على المواطنين الليبيين حسب القطاع الاقتصادي، وحجم، ونوع الشركة

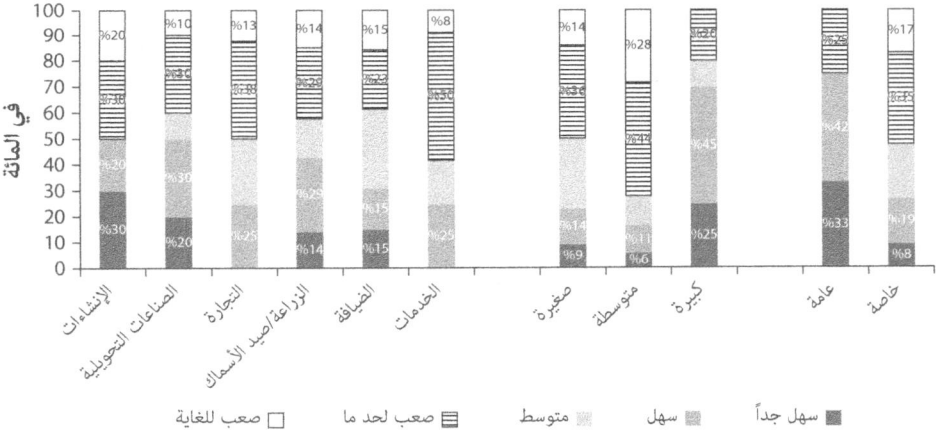

المصدر: البنك الدولي، 2012، التقييم السريع لسوق العمل في ليبيا، واشنطن العاصمة.

ويسود الاعتقاد بين أكثر الشركات بأن العمال الليبيين لا يقبلون في الغالب الوظائف اليدوية متدنية المهارة، وتتحدث هذه الشركات عن صعوبة شغل الوظائف التي تتطلب مهارات عالية بسبب ضعف المهارات. وعند إجراء التقييم، كان هناك إعلان عن 341 وظيفة خالية، أي ما يعادل 2.4 في المائة من كافة الوظائف الخالية. وترى الشركات أن من الصعب العثور على المرشحين من ذوي المهارات العالية المطلوبة لشغل وظائف معينة، ولاسيما في قطاع الخدمات. وفي الوقت نفسه فإنها ترى أن إجراءات إصدار تأشيرات الدخول للمواطنين الأجانب المراد توظيفهم بوصفها مفرطة في التعقيد وتشكل عائقاً أمام الاستعانة بالمزيد من العمال الأجانب.

وتتمثل أكثر النُهُج شيوعا في توظيف العمالة بين الشركات في شبكات الاتصال الشخصية، وهو ما ذكرته 80 في المائة من الشركات. وتعلن نسبة 40 في المائة من الشركات عن الوظائف الخالية مباشرةً، في حين تقوم 20 في المائة منها بتوظيف العمالة عبر وزارة العمل.

وتلجأ المؤسسات الكبيرة المملوكة للدولة والشركات التي تتطلع إلى الاستعانة بمواطنين أجانب إلى وزارة العمل بدرجة أكبر من غيرها. ومن بين تلك الشركات التي تعلن عن الوظائف الخالية، يميل أكثرها إلى الإعلان على شبكة الإنترنت، وتليها وسائل الإعلام التقليدية (الصحف والإذاعة).

التعاقدات

تفيد غالبية الشركات بأنها تعرض عقوداً قصيرة المدة نسبياً ولاسيما بالقطاع الخاص، حيث تتراوح من 6 أشهر (لدى 10 شركات، أي بنسبة 18 في المائة من الشركات) إلى سنة واحدة (لدى 25 شركة، أي بنسبة 45 في المائة) (انظر الشكل 5-6) ويسهم هذا النمط في ارتفاع معدل تغير الموظفين، لاسيما في قطاع الضيافة (حيث تفيد التقارير بأن 31 في المائة من الموظفين لا يمكثون سوى لمدة 6 أشهر أو أقل)، والخدمات (25 في المائة)، والصناعات التحويلية (20 في المائة). ويشترط قانون العمل الليبي إبرام عقد بين أصحاب العمل والعاملين، لكن يبدو أن الشركات تحجم عن إبرام تعاقدات أطول أجلا أو تجديد عقود العاملين الذين لا يؤدون أداء حسناً. وبين هذه الفئة الأخيرة، تتضمن الأسباب التي تحدثت عنها الشركات تدني الإنتاجية أو الافتقار إلى المهارات، مثل الالتزام بساعات العمل والهمة فيه، أو كليهما.

وتواجه الشركات الأصغر بالقطاع الخاص صعوبة أكبر في الاحتفاظ بالعمالة. وبشكل عام، فإن نسبة 52 في المائة من الشركات تعتبر أن من الصعب الاحتفاظ بالمواطنين الليبيين، مقارنةً بنسبة 25 في المائة لدى المؤسسات المملوكة للدولة (انظر الشكل 5-7). وتلقى الشركات الأصغر حجماً صعوبة أشد في الاحتفاظ بالعمالة (50 في المائة) مقارنة بالشركات الأكبر (20 في المائة)، وهو ما يعكس حزمة المزايا الأكثر شمولاً [5] والعقود الأطول نسبيا التي تقدمها هذه الأخيرة. وتفيد نسبة أعلى من الشركات العاملة بقطاع الخدمات بمواجهتها صعوبة في الاحتفاظ بالعاملين (58 في المائة)، وتليها التجارة، والإنشاءات، والزراعة وصيد الأسماك، والضيافة (38 في المائة).

المهارات والتدريب

تزيد خبرة العمل السابقة من احتمالات إبداء الشركات رغبتها في توظيف المرشحين، بغض النظر عن المستوى التعليمي. وقد تم تقييم المهارات وآفاق التوظيف من حيث الخلفية التعليمية، والخبرة العملية، والكفاءات الخاصة. وتبين أن نسبة 42 في المائة من الشركات قد توظف المرشح الذي يحمل شهادة تعليم ثانوي ولكنه لا يمتلك خبرة عمل سابقة، لكن النسبة تزيد إلى 65 في المائة بالنسبة للمرشح نفسه إذا كانت لديه خبرة سابقة. وأفادت الشركات بأن امتلاك خبرة عمل سابقة لا تقل عن سنة إلى ثلاث سنوات تعزز الثقة في المرشحين.

الشكل 5-8 احتمالات التوظيف حسب المستوى التعليمي وخبرة العمل السابقة

80
10
0
%14
%7
%4
%7
%7

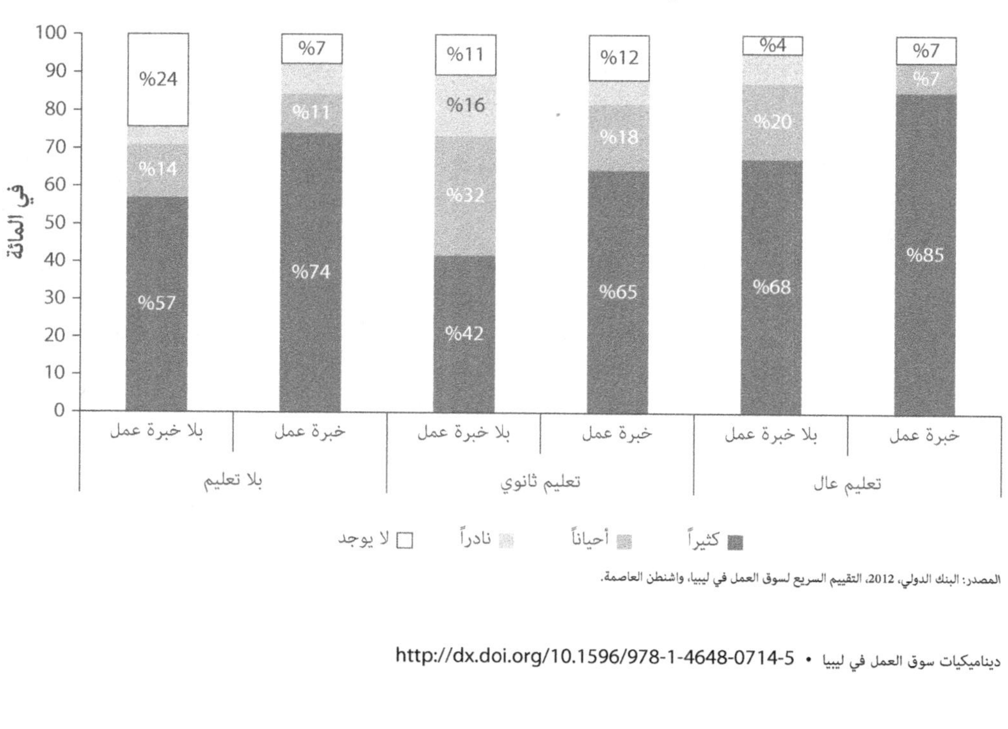

المصدر: البنك الدولي، 2012، التقييم السريع لسوق العمل في ليبيا، واشنطن العاصمة.

ديناميكيات سوق العمل في ليبيا • http://dx.doi.org/10.1596/978-1-4648-0714-5

الشكل 5-9 المهارات التي عليها طلب أعلى والمهارات التي يصعب العثور عليها

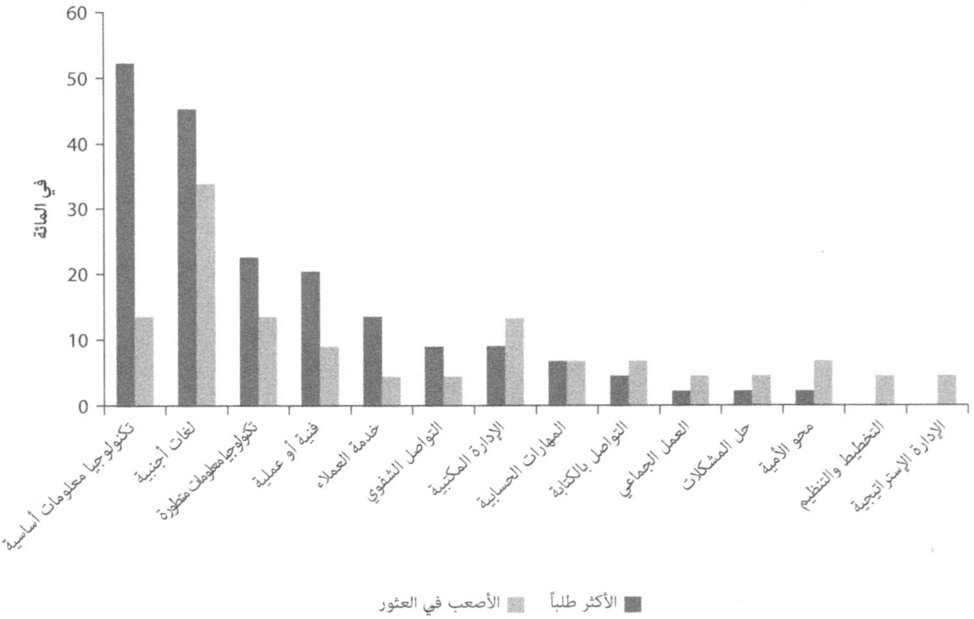

المصدر: البنك الدولي، 2012، التقييم السريع لسوق العمل في ليبيا، واشنطن العاصمة.

ويتباين بشدة التركيز على التعليم وخبرة العمل السابقة حسب القطاع والشركة. وأشارت نسبة 57 في المائة من الشركات العاملة في قطاعات تهيمن عليها الأعمال اليدوية (كالعمل بالمطاعم، والنجارة، والصناعات الغذائية، وإصلاح الإطارات) إلى أنها لا تستخدم التعليم أو خبرة العمل السابقة معاييرَ للتوظيف. بل تعول هذه الشركات أكثر على التدريب العملي الملائم لقطاعاتها. وتميل بقية الشركات التي تطلب عمالة يدوية إلى تقدير الخبرة العملية بشدة، ولاسيما بالنسبة للمناصب الاستشارية، والمشورة القانونية، ووظائف الصناعات التحويلية، حيث كثيرا ما يلزم امتلاك أكثر من 6 سنوات من خبرة العمل السابقة. وأبدت غالبية الشركات احتياجها إلى مهارات تكنولوجيا المعلومات والاتصالات الأساسية، واللغات الأجنبية، وتكنولوجيا المعلومات المتقدمة، والمهارات الفنية والعملية (انظر الشكل 5-8).

والمهارات التي تليها مباشرة في الإقبال هي المهارات غير المعرفية الأكثر تطوراً مثل العمل الجماعي، وحل المشكلات، والتخطيط. وأشارت الشركات إلى أن أشد المهارات صعوبة في العثور عليها في المرشحين للعمل هي اللغات الأجنبية ومهارات تكنولوجيا المعلومات والاتصالات الأساسية والمتقدمة (انظر الشكل 5-9).

وأشارت غالبية الشركات إلى أنها تعرض على الراغبين في العمل دورات تأهيلية وبرامج تدريبية معتمدة. وتعرض نسبة 74 في المائة من الشركات دورات تدريبية أو دورات تلمذة صناعية. وتقدم نسبة 85 في المائة من الشركات دورات تأهيلية لديها أو تدريباً على العمل، وتقدم نسبة 12 في المائة منها دورات دراسية في اللغة الإنكليزية، وتبعث 37 في المائة موظفيها إلى الخارج للتدريب.[6] وتقدم نسبة 35 في المائة تدريباً معتمداً أو رسمياً للمؤهلات الصناعية، والهندسية، والبرامجية.[7] ومن بين تلك الشركات، تقدم نسبة 53 في المائة تدريباً معتمداً لديها، و 35 في المائة من خلال مقدمي التدريب الخارجي داخل ليبيا،[8] ويبعث الباقون (12 في المائة) موظفيهم للخارج من أجل الحصول على تدريب معتمد. وأشارت الشركات إلى أن معظم التدريب يتم بواسطة طائفة من مقدمي الخدمات التدريبية الصغار نسبياً.

وبسبب قوانين العمل السارية، ربما كانت الدورات التدريبية تُستخدم وسيلةً لتوظيف عمال مؤقتين للقيام بمهام متدنية لا في تقديم تدريب وظيفي كافٍ. فعلى سبيل المثال، قد يعرض الكثير من الفنادق عددا كبيراً من "الدورات التدريبية" على التنظيم والخدمة بالمطاعم للشباب الليبي خلال فترات الازدحام. وبدا أن شركة واحدة هي التي لديها برنامج رسمي للدورات التدريبية، حيث تُقدَم لعشرة أشخاص في السنة فرصة اكتساب الخبرة في القيام بطائفة من الأدوار (مثل فنيي الإنتاج، والإدارة، ومهندسي أو أخصائيي الصيانة). وكانت شركة أخرى تقدم دورات تلمذة حرفية للنجارين الجدد. وتقدم بعض شركات الإنشاءات والهندسة فرصاً فنية أكثر للمهندسين الشبان.

وتتمثل العقبة الرئيسية التي تعوق التدريب بالشركات في الافتقار إلى وجود مقدمي الدورات التدريبية، لا قلة الاستعداد لدفع المقابل المادي. وبشكل عام، وباستثناء قلة من برامج التدريب عالية التخصص على برامج الكمبيوتر، نادراً ما كانت الشركات معجبة بمقدمي الدورات

التدريبية الخارجية، حيث أعطوهم تصنيف أداء لا يتجاوز في المتوسط 60 في المائة. وكان لدى شركة واحدة مركز التدريب الخاص بها، فضلاً عن استعانتها بشركة خاصة للتدريب الخارجي مقرها بالخارج من أجل تقديم التدريب على الإدارة وتوزيع الأخصائيين. وأبدت نسبة 80 في المائة من الشركات التي لا تقدم تدريباً رسمياً استعدادها لعمل لذلك إذا ما توفّر مقدمو الدورات التدريبية. وأشارت نسبة 40 في المائة إلى أنها تحتاج إلى مساندة فنية فيما يتعلق بالإرشاد وتطوير السياسات والبرامج التدريبية. وأشارت نسبة لا تتجاوز 12 في المائة من الشركات إلى أن التمويل يمثل عقبة أمام تدريب العاملين.

قوانين العمل

تساند غالبية الشركات إصلاح سياسات العمل فيما يتعلق بالأيدي العاملة الأجنبية، والحماية الاجتماعية، والعقود. وكان 56 في المائة فقط من ممثلي الشركات على دراية بقانون العمل الليبي، وهو القانون رقم *12* لسنة *2010* بشأن العلاقات العمالية (انظر الشكل 5–10). وتنادي نسبة 15 في المائة من الشركات المُطّلعة على قانون العمل بإدخال إصلاحات لتيسير الاستعانة بعمال أجانب، ولاسيما ذوي المهارة العالية منهم. وكذلك تساند نسبة 10 في المائة من تلك الشركات تحسين الحماية الاجتماعية والحقوق المقدمة للعمال، وبوجه خاص فيما يتعلق بمزايا التدريب، وساعات العمل، والأجور. وتنادي 6 في المائة بتبسيط إجراءات التعاقد، نظراً لتعقدها النسبي وارتفاع تكاليفها الإدارية. وتهدف 6 في المائة من الشركات إلى تحسين حقوق العاملين، وبالذات فيما يتعلق بسهولة فصل العمال ذوي الأداء الضعيف أو العمال الذين يتكرر تغيبهم عن العمل. وأشارت شركات أخرى إلى أنها لا تفهم مواد معينة من قانون العمل فيما يتعلق بالمستحقات، مثل سياسات الإجازة بأجر والإجازات المرضية (المادتان 30 و 33 على الترتيب).

وتُعد التشريعات العمالية المتعلقة بالعمال الأجانب غير واضحة بالنسبة لمعظم الشركات. ففي حين توظف نسبة 77 في المائة من الشركات عمالاً أجانب، لا يفهم سوى 28 في المائة منها القواعد التنظيمية لتوظيف العمال الأجانب. والحصة الرسمية المخصصة للمواطنين الليبيين هي 25 في المائة طبقاً للمادة 51، إلا أن شركات القطاعين الخاص والعام تفسرها بشكل يختلف من شركة إلى أخرى. ففي القطاع الخاص، تقول معظم الشركات إن الحد الأدنى لهذه الحصة يُشترط أن يكون 33 في المائة للمواطنين الليبيين. أما لدى القطاع العام فإن اللوائح التنظيمية للتوظيف كما تزعم الشركات تقضي بأن تتراوح نسبة المواطنين الليبيين من 20 إلى 85 في المائة. وتوظيف العمال الأجانب أشد تنظيماً بالقطاع العام. وبشكل عام، يشعر 30 في المائة من الشركات بأنه يصعب في الغالب الأعم تلبية الحصة الرسمية البالغة 25 في المائة.

الشكل 5–10 الشركات الليبية الداعية لإدخال إصلاحات على قانون العمل حسب نوع الإصلاح

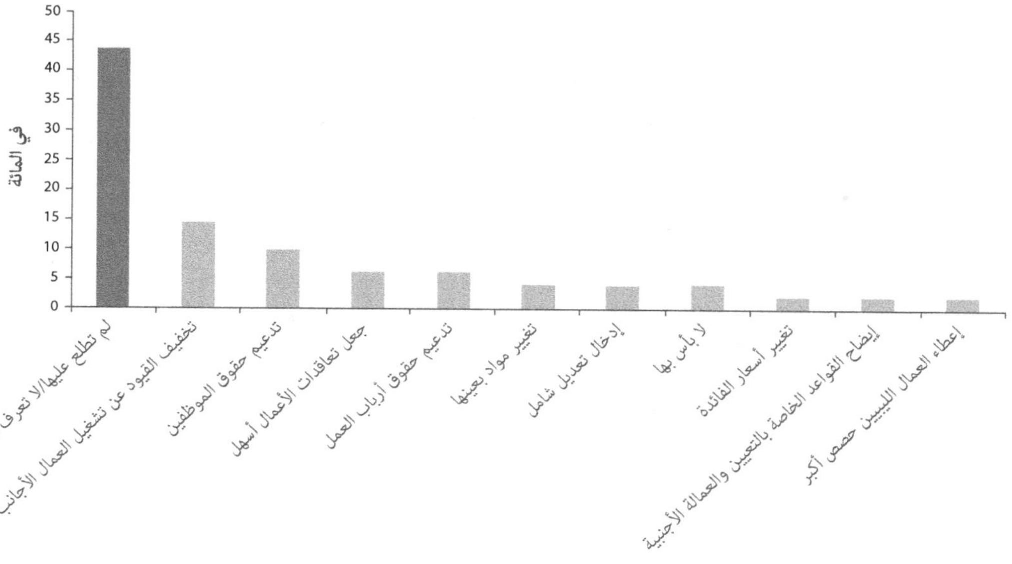

المصدر: البنك الدولي، 2012، التقييم السريع لسوق العمل في ليبيا، واشنطن العاصمة.

الاستنتاجات

على الأمد القصير، قد يأتي نمو العمالة في ليبيا من خلال مؤسسات الأعمال الصغيرة والمتوسطة، إلى حين تنوع النشاط الاقتصادي وإصلاح سياسات التوظيف بالقطاع العام. وعلى الأمد القريب، لابد من إدخال إصلاحات لخلق فرص عمل بالقطاع الخاص، وذلك من خلال: (أ) إحداث قفزة في تنويع النشاط الاقتصادي، (ب) خلق قوى عاملة ماهرة وقادرة على المنافسة، (ج) تحسين تصميم أنظمة الحماية الاجتماعية واللوائح التنظيمية للعمالة. وبالتوازي مع ذلك، لابد من إجراء تقييم فوري وبعناية للتوظيف بالقطاع العام من أجل وضع إستراتيجية للإصلاح التدريجي على الأمد القصير إلى المتوسط. ومن شأن هذا النهج التتابعي الذي يسير على محورين أن يساعد في إحداث تحول في سوق العمل لتحسين نواتجه وتعزيز النمو المستدام من أجل إيجاد أيدي عاملة مستقرة ومنتجة. ومن أجل تنقيح وتنقية البرنامج الإصلاحي، ينبغي أن يتلو ذلك إجراء تقييم متعمق لسوق العمل، مع التركيز على الأوضاع على الأرض والاقتصاد السياسي لمؤسسات سوق العمل في ليبيا، وأفضليات الباحثين عن عمل ومهاراتهم، والتشديد على العوامل المؤثرة في خلق فرص العمل من وجهة نظر أصحاب العمل.

وبشكل عام، ترى الشركات أن دورات أعمالها عاودت التحرك في أعقاب تعطل الإنتاج أثناء الصراع، وتشعر بالتفاؤل حيال النمو على الأمدين القصير والطويل. وساد هذا التفاؤل كل القطاعات باستثناء الإنشاءات التي يسود على نطاق واسع الاعتقاد بأنها لم تتعاف بسبب توقف الكثير من المشاريع الحكومية الكبرى. والقطاعات الاقتصادية الستة التي تتيح غالبية فرص التوظيف بالقطاع الخاص هي الإنشاءات، والضيافة، والتجارة، والزراعة، والخدمات، والصناعات التحويلية. وأفاد الكثير من الشركات بأنها تقوم بتوظيف مواطنين ليبيين مع الاستعانة بعدد صغير من العمال الأجانب المؤهلين وغير المؤهلين لتلبية ما تبقى من احتياجات العمل. وقد استبدل بعض الشركات بالعمال الأجانب أيدٍ عاملة ليبية في أعقاب الثورة.

ومع ذلك، فإن الحجم الحالي للقطاع الخاص يصعب أن يُتوقع له أن ينهض تلقائياً بمهمة خلق العدد اللازم من فرص العمل لمعالجة مشكلة البطالة في ليبيا. ففي حين توقع المديرون تحقيق نمو نسبته قرابة 6 في المائة خلال السنتين المقبلتين، فقد سادت التوقعات بأن تأثير هذا النمو على مستويات توظيف الليبيين سيكون ضعيفاً إلى حد ما، لأن الكثير من الشركات تتوقع أن تسد احتياجاتها من الموظفين بالاستعانة بعمال أجانب. ومن الجدير بالملاحظة أن شركات كثيرة أبدت استعدادها للدفع في مقابل التدريب، وهي فرصة ينبغي اغتنامها لتلبية احتياجات تنمية مهارات الأيدي العاملة مباشرةً. وهناك حاجة إلى إدخال إصلاحات لتحسين مناخ الأعمال وسياساته فيما يتعلق بالعمالة والمزايا الاجتماعية، وتنمية المهارات، وبرامج سوق العمل النشطة.

حواشي

1. مقابلة مع القسم الاقتصادي بمجلس مدينة طرابلس، مايو/أيار 2012.
2. مجموعة أكسفورد للأعمال، تقرير ليبيا 2010، المملكة المتحدة (2010)، 216.
3. البنك الدولي، مناخ الاستثمار في ليبيا (واشنطن العاصمة: البنك الدولي، 2011)، 10.
4. البنك الدولي، مناخ الاستثمار في ليبيا.
5. تقدم حوالي 37 شركة خاصة و 6 شركات عامة مزايا مالية وغير مالية للعمال. وتقدم الشركات الخاصة الكبرى وكل مؤسسات الأعمال المملوكة للدولة تقريباً تأميناً صحياً. وأفاد بعض الشركات بأنها تقدم حزم مزايا تشمل زيادات شهرية للأجور، وسيارات تابعة للشركة، وأجهزة كمبيوتر محمولة. وتقل كثيراً احتمالات تقديم الشركات الصغيرة مزايا، لكن بعضها يقدم مزايا أقل كدورات دراسة اللغات، وقروض شراء هاتف محمول، أو إجازات إضافية مدفوعة الأجر في مناسبات معينة (كالزواج).
6. شملت الشركات التي تبعث بموظفين للخارج للتدريب شركة لتصنيع منتجات الألبان (للتدريب على معدات المصنع بالمقر الرئيسي للشركة المصنعة)، وشركة إنشاءات (بالاستعانة بمركز هندسي بالخارج)، وشركة تبعث بموظفيها إلى موقع شقيق بالخارج من أجل التدريب الداخلي.
7. تمنح 50 في المائة من الشركات مؤهلات معترف بها، مثل "الرخصة الدولية لتشغيل الكمبيوتر" أو مؤهلات أمن صناعي خاصة. وتقدم الخمسون في المائة الأخرى تدريباً حسب الطلب للمهندسين المتخصصين أو برامج قواعد البيانات. وتقدم 8 في المائة (3 شركات) تدريباً رسمياً بانتظام، من بينها شركة نفذت برنامجاً دقيقاً للتدريب الداخلي بتقارير شهرية، وشركتان في قطاع الإنشاءات لديهما برامج تدريب رسمية لتحسين المعرفة بتكنولوجيا المعلومات وبرامج المحاسبة.
8. يُستعان بطائفة عريضة من مقدمي التدريب الليبيين لتنفيذ العديد من البرامج التدريبية، بما في ذلك الإدارة المعتمدة من مايكروسوفت ومراكز التدريب الإداري. وتستعين صناعة الضيافة بمراكز تدريب متخصصة، من بينها مركز تدريب الضيافة الذي تديره الدولة في طرابلس، ومركز العالمية في بنغازي، ومركز مصر ماليزيا للتدريب على الضيافة في طرابلس.

الفصل السادس

آثار السياسات: الفرص الناشئة أثناء المرحلة الانتقالية

ملخص للنتائج وأبرز التحديات

بالرغم من أن عدم الاستقرار السياسي مازال أشد العقبات أمام خلق فرص العمل وإعادة الاندماج في ليبيا، فإن الاتجاهات السائدة بسوق العمل تعكس أيضاً تحديات هيكلية. وفي الوقت نفسه، فإن فرص العمل الناشئة أمام الشباب والمحاربين يمكن أن تلعب دوراً مهماً في تحقيق الاستقرار وبناء الدولة. وتشمل أبرز تحديات خلق فرص العمل والمجالات التي تحتاج إلى إصلاح ما يلي:

- **مناخ الأعمال المعوّق للطلب على الأيدي العاملة**: فعدم كفاية القدرة على الحصول على التمويل والقواعد التنظيمية للأعمال يقلل من حوافز الشركات على الاستثمار، ولاسيما بالقطاعات الناشئة، مثل البنية التحتية، والتجارة، والخدمات، والصناعات الزراعية[1]
- **القطاع العام بوصفه جهة العمل المفضلة**: هيمنة القطاع العام والمؤسسات المملوكة للدولة على الاقتصاد
- **قوانين وإجراءات العمل**: هيكل التعاقدات العمالية، والحصص المخصصة للمواطنين وغير المواطنين، واشتراطات التدريب، وسياسات التوظيف والفصل من العمل، على سبيل المثال لا الحصر
- **ازدواجية سياسات الضمان الاجتماعي بين القطاعين العام والخاص**: ضعف تغطية مظلة الضمان الاجتماعي بالقطاع الخاص وطول الانتظار للحصول على وظائف بالقطاع العام
- **المهارات المتصلة بفرص العمل**: التحديات التي تواجه الشركات في توظيف الليبيين المؤهلين بالوظائف التي تحتاج إلى مهارات عالية أو متدنية والحاجة إلى إعادة تأهيل المحاربين السابقين للعمل بوظائف خارج قطاع الأمن
- **الانتقال من مرحلة الدراسة إلى العمل**: ضعف دخول سوق العمل بين الشباب والنساء وأحد أعلى معدلات البطالة في العالم بين خريجي الجامعات.

وتعكس تحديات سوق العمل الليبية ثلاثة أنواع من القضايا وهي: العراقيل الأساسية، والعوائق ذات الصلة بسياسات العمل، والقضايا ذات الأولوية المتعلقة بالسياق الحالي. وتظل التحديات ذات الصلة بالحوكمة، والمؤسسات، ومناخ الأعمال تمثل العوائق الأساسية أمام تحفيز نمو يقوده القطاع الخاص. وكذلك قد تؤدي طريقة تصميم القواعد التنظيمية الليبية، والتدريب، وسياسات الضمان الاجتماعي إلى إعاقة حوافز تنويع النشاط الاقتصادي، بدلاً من أن تخلق مثل هذه الحوافز. وفضلاً عن ذلك، ربما تكون هناك حاجة إلى سياسات وبرامج معينة لتسريع عملية إعادة دمج المحاربين السابقين وخلق فرص العمل للشباب والنساء، بما في ذلك العمل الحر لحساب النفس في قطاعات جديدة. وللتصدي لهذه التحديات، ينبغي وضع إستراتيجية توظيف شاملة لإطلاق برنامج متعدد الأوجه للإصلاحات والإجراءات التدخلية على الأمد القصير إلى الطويل، وهو ما سنعرض له بالنقاش في القسم التالي (انظر الشكل 6-1).

إطار لإستراتيجية شاملة للوظائف

يجب أن تتضمن أية إستراتيجية شاملة للوظائف إجراءات قصيرة الأجل لتحقيق الاستقرار في ليبيا بما يمكن أن يمهد الطريق لخلق فرص العمل وتنويع النشاط الاقتصادي على الأمد الطويل. وتلقي تجارب البلدان متوسطة الدخل الأخرى في منطقة شرق آسيا والمحيط الهادئ، ومنطقة أمريكا اللاتينية، ومنطقة أوروبا الشرقية، ومنطقة جنوب آسيا، الضوء على الخيارات المتاحة للتوظيف وإعادة الاندماج في الأوضاع الهشة. فعلى سبيل المثال، تسلط القدرة على التحمل والتعافي وسرعة النمو في شرق آسيا والمحيط الهادئ الضوء على الدور الذي يمكن

54 آثار السياسات: الفرص الناشئة أثناء المرحلة الانتقالية

الشكل 6-1 طريق السياسات إلى خلق الوظائف وإعادة الاندماج في ليبيا

أمن المواطن والعدالة والوظائف
إحداث تحول بالمؤسسات
استعادة الثقة من خلال التحالفات
الأولويات
• إعادة دمج الميليشيات والمحاربين السابقين، والشباب، والنساء
• التنوع ليشمل الصناعات غير النفطية بما فيها البنية التحتية والتجارة والخدمات والصناعات الغذائية
• كفاءة انتقال الشباب من المدرسة إلى العمل
• العمل الحر وريادة الأعمال، ولاسيما بالقطاعات الناشئة
سياسات العمل
• مهارات تنافسية من أجل القطاعات الناشئة وريادة الأعمال الحرة
• التدريب العملي الداخلي والتلمذة الصناعية
• تغطية الضمان الاجتماعي وإصلاح لوائح تنظيم العمل بما في ذلك عقود العمل والتدريب والحصص
• القدرة على الحصول على المعلومات بشأن أسواق العمل
إحداث تحول بالمؤسسات
استعادة الثقة من خلال التحالفات
الأساسيات
• استعادة الأمن واستقرار الأوضاع السياسية
• أسواق مالية تقوم بوظائفها والقدرة على الحصول على الا ئتمان
• تهيئة مناخ أعمال موات وإطار قانوني
• إعادة هيكلة القطاع العام ومؤسسات الأعمال المملوكة للدولة
الصراعات والهشاشة

المصدر: خبراء البنك الدولي.

الإطار 6-1 مواجهة الأزمات من خلال العمل في منطقة شرق آسيا والمحيط الهادئ

تسلط تجربة منطقة شرق آسيا والمحيط الهادئ، سواء من حيث ما شهدته من صراعات أو هشاشة في نظمها السياسية أو من الأزمات المالية، الضوء على كيفية نجاح العمل في المساعدة على بناء القدرة على التحمل والتعافي. وقد شهدت بلدان من بينها الصين وإندونيسيا وجمهورية كوريا وتايلند وفييتنام نمواً وتنوعاً اقتصاديا بمعدلات تاريخية لم يسبق لها مثيل لأسباب عدة.

فقد أسهمت السياسات المالية الكلية السليمة، وتعميق الاندماج في الاقتصاد العالمي، والمؤسسات الاقتصادية في منطقة شرق آسيا والمحيط الهادئ في تعجيل وتيرة النمو الذي يقوده القطاع الخاص، وأنعشت الطلب على العمل، وعززت القدرة على التحمل والتعافي أثناء الأزمات كالأزمة المالية 2008-2010 على عكس بضع مناطق أخرى من العالم. وشجع استقرار الأسعار، وانخفاض الديون العامة، والانخفاض النسبي في أسعار الضريبة كلاً من الأعمال والاستثمارات.

وكفل اتساع القدرة على الحصول على الرعاية الصحية المناسبة والنظم التعليمية القادرة التي تزايدت قدرتها على المنافسة وجود أساس قوي لرأس المال البشري. وارتفعت إنتاجية الأيدي العاملة. وقد شهدت الصين منذ عام 2000 زيادة إلى ثلاثة أمثال الإنتاجية وشهدت فييتنام زيادة إلى مثليها.

ومع أنه لا تزال هناك تحديات عديدة باقية، فقد ساعدت سياسات الضمان الاجتماعي وتشريعات العمل، مثل الحد الأدنى للأجور، وتشريعات حماية الأيدي العاملة، وسياسات التنشيط، في تحفيز العمل الرسمي. ونظرا لسرعة تحولها الهيكلي، وتطور سماتها المهارية، وزيادة الاندماج في الاقتصاد العالمي، فقد استطاعت منطقة شرق آسيا والمحيط الهادئ أن تحافظ على ارتفاع معدلات النمو وخلق فرص العمل أثناء الأزمات.

المصدر: مأخوذة بتصرف عن تقرير البنك الدولي، 2014، الصادر بعنوان "منطقة شرق آسيا والمحيط الهادئ على أرض الواقع: التوظيف والشركات والرفاه"، واشنطن العاصمة.

أن ينهض به تنويع النشاط الاقتصادي الذي يقوده قطاع خاص قوي بالترافق مع ارتفاع مستويات رأس المال البشري (انظر الإطار 6-1). ولا يرسم ما تبقى من هذا القسم إستراتيجية معينة للوظائف وإنما يوضح المجالات الرئيسية التي يجب أخذها في الاعتبار نحو وضع مثل هذه الإستراتيجية. ومن بين الأهداف الرئيسية للسياسات ما يلي: (أ) بناء الأساسيات لنمو مستدام ومتنوع من أجل استعادة الأمن والمؤسسات المستقرة، وخلق سوق مالية تقوم بوظائفها جيداً، ومناخ استثماري تنافسي على الأمد الطويل؛ و (ب) تحسين كفاءة برامج دخول الشباب

سوق العمل على الأمد القصير، مع إعطاء أولوية لأفراد الميليشيات والمحاربين السابقين. وتلي هذا توصيات لوضع الأساسيات، وسياسات العمل، والأولويات نحو الوصول إلى هذه الأهداف (انظر الجدول 6-1).

الأساسيات: استعادة الأمن من أجل مناخ أعمال تنافسي

من أبرز المعوقات الأساسية التي تواجه ليبيا هيمنة القطاع العام على الاقتصاد من الإنتاج إلى تقديم الخدمات، وهو ما يزاحم القطاع الخاص في عمله. ويُعد خلق مناخ أعمال مفعم بالحيوية من أجل القطاع الخاص أمرا بالغ الأهمية لإنشاء سوق مالية ناضجة تؤدي وظائفها، وهو ما يغيب نسبياً عن ليبيا. ويُوصى بوضع إطار تنظيمي جديد للاستثمار وسياسات العمل من أجل تدعيم القدرات التنافسية لليبيا، وبناءً على الدروس المستفادة من غيرها من البلدان الغنية بالنفط والموارد التي قامت بتنويع أنشطة اقتصاداتها.

وسيعني تشجيع التوظيف بالقطاع الخاص إحداث تحول في التعيين بالوظائف الحكومية واحتمال إعادة هيكلة المؤسسات المملوكة للدولة. وثمة حاجة إلى إجراء تقييم للجهاز الحكومي من أجل تقدير سياسات المقابل المادي، وإلى أي مدى يكافأ الأداء، والمؤهلات والمعايير الموضوعة للتوظيف. ويمكن للدور الذي تستطيع الشراكات بين القطاعين العام والخاص أن تلعبه أن يتخذ عدة مستويات وأشكال من التمويل المشترك، أو الإدارة المشتركة، أو الاشتراك في تقديم الخدمات وفي امتلاك حصص بالمؤسسات المملوكة للدولة، أو ذلك كله. وتحتاج هذه الخيارات إلى إمعان النظر من وجهة نظر الجيل الباحث عن فرص عمل. وتبعاً لنوع الإصلاحات اللازمة، سيكون من المهم ضمان أن يشمل تقديم المساندة الكافية للعمال: المساندة المؤقتة للدخل، وإعادة التدريب، أو غير ذلك من أشكال الحماية الاجتماعية أثناء المرحلة الانتقالية.

الجدول 6-1 ملخص لتوصيات السياسات الخاصة بليبيا

توصيات بشأن السياسات	البعد الزمني
الأساسيات	
نمو القطاع الخاص	
التوسع في خدمات الأعمال لتشمل الشركات التي تركز على القطاعات الناشئة	على الأمد القصير
إحداث تحول في دور الغرف التجارية لتعزيز الابتكار والتدريب على ريادة الأعمال الحرة، والتعيين بالوظائف	على الأمد القصير
تدعيم السوق المالية، والتوسع في إتاحة القدرة على الحصول على الائتمان، وتبسيط اللوائح التنظيمية	على الأمد المتوسط
وضع إطار جديد للقواعد التنظيمية للأعمال والحوكمة من أجل التوسع في حوافز النمو بالقطاعات الناشئة	على الأمد المتوسط
إعادة هيكلة القطاع العام	
إصلاح اللوائح التنظيمية للعمل بالجهات الحكومية	على الأمد المتوسط إلى الطويل
إعادة هيكلة الخدمات العامة ومؤسسات الأعمال المملوكة للدولة	على الأمد الطويل
سياسات العمل	
التدريب الوظيفي وبرامج سوق العمل النشطة	
تطوير شراكات التلمذة الصناعية بين القطاعين العام والخاص والتدريب العملي الداخلي لدى الشركات	على الأمد القصير
تطوير شراكات إقليمية وعالمية لبرامج تنمية المهارات المعتمدة واستحداث نظام تعاقد يقوم على أساس الأداء للتدريب المؤسسي	على الأمد القصير
التوفيق بين طالبي التوظيف وأصحاب العمل	
التوجيه الإستراتيجي لخدمات التدريب على الوظائف والمهن	على الأمد القصير
تحفيز وتعبئة تصميم، وتوحيد، واعتماد، وآليات تمويل توسط القطاع الخاص	على الأمد المتوسط
القدرة على الحصول على معلومات سوق العمل	
تحسين نوعية وتوافر بيانات سوق العمل، وأنظمة التقييم والمعلومات، بما في ذلك توقعات الطلب على الأيدي العاملة، والمهارات، والأجور والمزايا، والهجرة.	على الأمد القصير
القواعد التنظيمية للتأمين الاجتماعي والعمل	
إصلاح القواعد المنظمة للعمل فيما يتعلق بالتوظيف، والأجور، والمزايا، وأوضاع العمل و (قانون التعاقدات)، وسياسات الهجرة	على الأمد المتوسط
تدعيم تغطية التأمين الاجتماعي، واستدامته، وحوافزه، ولاسيما بالنسبة للقطاع الخاص والعمالة غير الرسمية	على الأمد المتوسط
الإصلاحات التعليمية	
استحداث تنمية مهارات غير الحاصلين على شهادات جامعية والتدريب العملي الداخلي لدى الشركات	على الأمد الطويل
إعادة هيكلة التعليم المهني من أجل التدريب الذي يحركه الطلب والتوسع في برامج تنمية المهارات المعتمدة	على الأمد الطويل
تطويع التعليم الأساسي والعالي ليلائم إستراتيجية التنمية الاقتصادية	على الأمد الطويل
الأولويات	
وضع برامج قصيرة الأجل للتدريب الوظيفي والخدمات العامة من أجل المحاربين السابقين والشباب من خلال شراكات بين القطاعين العام والخاص	على الأمد القصير
إيجاد تكامل في متابعة المحاربين السابقين من خلال دمج قواعد بيانات الباحثين عن عمل لدى هيئة شؤون المحاربين ووزارة العمل	على الأمد القصير
تيسير القدرة على الحصول على الائتمان والاستثمار الأجنبي بالقطاعات الناشئة المستهدفة، وبينها السياحة، والصناعات الزراعية، والصناعات التحويلية، والتعليم، والصحة	على الأمد المتوسط

المصدر: خبراء البنك الدولي

سياسات العمل: إعادة توجيه اللوائح التنظيمية والمهارات من أجل وظائف جيدة

ربما كانت قوانين العمل وسياسات الضمان الاجتماعي المعمول بها في ليبيا حالياً معوقة، لا ميسرة، لخلق فرص العمل. وفي عام 2012، شرعت ليبيا في إجراء مراجعة لقانون العمل ووضع قانون جديد لتمكين النقابات العمالية من تشكيل نفسها والمشاركة في الحوار الاجتماعي. ولم يشمل هذا التقييم إجراء تقييم متعمق لهذه القضايا، لكنه حدد بعض المجالات التي تحتاج إلى مزيد من التحليل. فنظام الحصص المخصصة للمواطنين، والمزايا الاجتماعية، وطريقة هيكلة التعاقدات، هي سياسات يمكنها، تبعاً لكيفية إصلاحها، أن تطرد المستثمرين أو أن تجتذبهم. وهناك أيضاً حاجة إلى إمعان النظر في كيفية تدعيم تغطية الضمان الاجتماعي تدريجيا مع تشجيع استثمارات القطاع الخاص في الوقت نفسه. وأخيراً، فإن سياسات هجرة الأيدي العاملة تحتاج إلى مراجعة لضمان امتلاك ليبيا مهارات الأيدي العاملة الصحيحة مع ضمان توفير الحماية الاجتماعية الكافية للعمال.

وربما كانت الأيدي العاملة لا تلبي أيضاً ما تطلبه سوق العمل من مهارات نتيجةً لعدم توافق النوعية والتخصص بين التعليم وبرامج سوق العمل النشطة. ويخرج تقييم نُظُم التعليم الأساسي والعالي والمهني عن نطاق هذا التقييم. غير أن التحليل كشف النقاب عن ارتفاع نسبة البطالة بين خريجي الجامعات والمشكلات التي تلاقيها الشركات في العثور على العمالة شبه الماهرة. ولم تشارك ليبيا في اختبارات كفاءة التعليم الأساسي الدولية، ولا يوجد الكثير من المعلومات المتاحة عن درجة جودة التعليم. ولذا، فإن هناك حاجة إلى تقييم النظام التعليمي الليبي والإصلاحات التي قد يلزم إدخالها على الأمد القصير إلى الطويل لتزويد الخريجين على كافة المستويات بالمهارات التي تحتاج إليها سوق العمل.

وقد لا تخلق الإجراءات التدخلية على الأمد القصير بالضرورة فرص عمل جديدة ولكن باستطاعتها أن تيسر عملية التوظيف، ولاسيما بالنسبة للباحثين عن عمل من العمالة شبه الماهرة وذات المهارات العالية الذين يمكن الاحتفاظ بهم. وقد حدد تقييم البنك الدولي لسنة 2012 سبع فئات محتملة من الباحثين عن عمل، وبينهم من يسعون بهمة ونشاط للحصول على عمل ولديهم الاستعداد لقبول وظائف أقل مهارة وأولئك المستعدون لإعادة تدريبهم. وتمثل هذه المجموعة إجمالاً من 30 في المائة إلى 56 في المائة من العاطلين عن العمل. ومن شأن بناء المهارات ذات الصلة بالوظائف وإعادة تدريب الشباب والنساء المستهدفين بناء على طلب الشركات أن يحسن آفاق المستقبل لكلٍ من العاملين بأجر ورواد الأعمال الحرة. وينطبق تحسين آفاق المستقبل بوجه خاص على المحاربين السابقين الذين فقدوا تلك المهارات على مر الزمن، مثلما يظهر في حالة جهود إعادة الدمج في أجزاء من جنوب آسيا.[2]

وربما تعجل برامج التلمذة الصناعية والتدريب العملي واعتماد المهارات من سرعة الالتحاق بالوظائف في ليبيا، خاصةً عندما يكافأ تطويعها لتلائم وظائف محددة مسبقاً ويكافأ أداء مقدمي الخدمة التدريبية. وتوجد طائفة من النُهُج لتصميم تلك البرامج لكي تلبي مباشرةً طلبات الشركات التي تحتاج إلى موظفين، بما في ذلك الربط بين تنمية المهارات والوظائف المحددة مسبقاً (انظر الملحق ج). وتسلط تجربة المكسيك (الإطار 6–2) وتجربة البوسنة والهرسك (الإطار 6–3) الضوء على الأثر القوي الذي يمكن أن يحدثه التدريب العملي على التوظيف والدخل، بما في ذلك بالنسبة للمحاربين السابقين في حالة البوسنة والهرسك. وقد بدأ التعاون المبتكر بين القطاعين العام والخاص والمجتمع المدني يمد جذوره في ليبيا بالنسبة لتعيين الوظائف والخدمات التدريبية. ويمكن أن يتسع هذا التعاون ليشمل برامج أخرى (انظر الإطار 6–4).

الإطار 6–2 آثار التدريب الوظيفي والتعيين في المكسيك

في حين يمكن أن يؤدي العديد من النُهُج نحو تنمية المهارات، والبحث عن وظيفة، وبرامج الدعم إلى تحسن النتائج التوظيفية، فإن **التدريب العملي الداخلي** قد يكون ملائماً بشكل خاص للسياق الليبي. فعلى سبيل المثال، تظهر الشواهد والدلائل المستمدة من تقييمات الآثار التي أُجريت في المكسيك والبوسنة والهرسك الأثر الإيجابي للتدريب العملي الداخلي على التوظيف وعلى الدخل، وبوجه خاصة عندما تكون جيدة التوجيه وتترافق معها إجراءات تدخلية أخرى.[أ]

ففي مواجهة سوء أوضاع الاقتصاد الكلي، وارتفاع العمل غير الرسمي، وتفشي البطالة بين الشباب، أطلقت **المكسيك** في عام 1984 برنامج رفع القدرات للعمال العاطلين. وتألف البرنامج من تدريب مدفوع الأجر لمدة ثلاثة أشهر للباحثين عن عمل، في البداية بمراكز تدريب مهني ثم التدريب العملي الداخلي لدى الشركات. وتوقع البرنامج أن أكثر العمال سيعينون في أعقاب التدريب العملي الداخلي بالشركات في حين سيتلقى الباقون المساندة من خلال خدمات التعيين بالوظائف التي تدخل ضمن البرنامج. وبشكل عام، جاءت أكبر المنافع فيما يخص التوظيف، ولاسيما العمل بأجر، من برنامج التدريب العملي الداخلي.[ب] وكان التأثير الأعظم من نصيب النساء، وأولئك الذين حصلوا على تعليم ثانوي أو أعلى، ومن تلقوا في البداية تدريباً بالمدارس. وكان لبرنامج رفع القدرات تأثير أقل على ريادة الأعمال الحرة.

المصدر: خبراء البنك الدولي

أ. مجموعة التقييم المستقلة، مساندة البنك الدولي ومؤسسة التمويل الدولية لبرامج توظيف الشباب (واشنطن العاصمة: البنك الدولي، 2013).

ب. م. ديلاخارا، س. فريج، و إ. سولواغا، "تقييم للتدريب من أجل العاطلين في المكسيك". ورقة عمل OVE/WP-09/06، بنك التنمية للبلدان الأمريكية، مكتب التقييم والإشراف، واشنطن العاصمة (2006).

الإطار 6-3 الوظائف وإعادة الاندماج في البوسنة والهرسك

مثلما حدث في التجربة المكسيكية، ساعد التدريب العملي بالشركات، مترافقا مع مساعدة الباحثين عن عمل، وتحسين توفّر المعلومات عن سوق العمل في إعادة دمج المحاربين السابقين **بالبوسنة والهرسك**. ففي الفترة ما بين عامي 1996 و 1999، قام البرنامج الطارئ للتسريح وإعادة الاندماج بتمويل التدريب العملي الداخلي في المقام الأول بالشركات المحلية (86 في المائة من التعاقدات مع مقدمي خدمات التدريب) علاوة على التدريب بالمؤسسات (7 في المائة من التعاقدات) وتقديم المشورة الخاصة بالوظائف (7 في المائة من التعاقدات) من خلال إبرام عقود تنافسية تقوم على أساس الأداء. واستفاد من هذا البرنامج قرابة 300 ألف جندي ممن تم تسريحهم. وتم استحداث حوافز لمكافأة حسن الأداء على أساس معدلات التعيين بالوظائف. ولضمان ملاءمة التدريب للوظائف، كان على مقدمي الخدمة الالتزام بتوظيف 80 في المائة ممن قاموا بتدريبهم.

وأظهر تقييم تم إجراؤه أنه بعد ستة أشهر من إتمام البرنامج، زادت الوظائف والأجور بدرجة ملموسة بغض النظر عن العمر، ونوع الجنس، أو المستوى التعليمي.[3] ومثلما كان الحال في التجربة المكسيكية، كانت قوة هذه الإجراءات التدخلية تكمن في قدرتها على توجيه التدريب الوظيفي بما يلائم احتياجات القطاع الخاص.

المصدر: خبراء البنك الدولي

الإطار 6-4 الشراكات المحلية بين القطاعين العام والخاص في ليبيا

في خضم المرحلة الانتقالية التي تمر بها ليبيا، برزت على المستوى المحلي شراكات مبتكرة بين القطاعين العام والخاص من أجل تشجيع خلق فرص العمل. وفي أبريل/نيسان 2014، قام المجلس المحلي لمدينة طرابلس، وهو أكبر المجالس البلدية الرئيسية الثلاثة في ليبيا، ومؤسسة توكل للتنمية ليبيا، وهي منظمة غير حكومية تيسر إقامة شبكة للتواصل وريادة الأعمال الحرة أمام الباحثين عن عمل بالقطاع الخاص، بفتح أبوابهما أمام مركز جديد للتوظيف يتخذ من مكتب البلدية مقراً له. ويستفيد المركز من المساندة المالية والعينية التي تقدمها البلدية، بما في ذلك إتاحة مساحات سخية للمكاتب والمؤتمرات بمقرها وفريق صغير من العاملين بدوام كامل.

وتشمل الخدمات طائفة من خدمات مساندة التعيين بالوظائف: (أ) تنظيم معارض العمل، وحلقات العمل، وجلسات التدريب الفردي للمساعدة في البحث عن عمل وعمل المقابلات؛ (ب) تقديم خدمات الوساطة بين الباحثين عن عمل وفرص التوظيف المتاحة عبر إنشاء شبكة من الشركات وفرص ريادة الأعمال الحرة؛ (ج) تطوير العلاقات بين الشبكات وأرباب الأعمال والخدمات للمساعدة في التعرف على الموظفين وتعيينهم؛ (د) تعبئة وتقاسم المعلومات مع الباحثين عن عمل بشأن سمات الشركات، والأجور، وفرص ريادة الأعمال الحرة.

ويقوم المركز بتطوير أهداف الأداء وآليات رصد آراء المستفيدين في خدماته، سواء كانوا من الباحثين عن عمل أم أصحاب العمل المحتملين. ومن بين المؤشرات المخطط استخدامها معدلات التعيين بالوظائف بالنسبة للباحثين عن عمل، ومعدلات التوظيف بالنسبة لخريجي الجامعات، وتصنيفات أداء خدمات التوظيف حسب المستفيدين وأرباب الأعمال. وتُعد هذه المبادرة الرامية لإقامة الشراكات بين القطاعين العام والخاص أول مبادرة في ليبيا تجمع ما بين التمويل العام مع القطاع الخاص لتيسير العثور على فرص عمل.

واستشرافا للمستقبل، يقوم المركز بدور النموذج للشراكات بين القطاعين العام والخاص من أجل تنفيذ برامج العمل. ويمكن تحقيق التوسع والامتداد من خلال التنسيق مع وقواعد بيانات وزارة العمل وهيئة شؤون المحاربين ومراكز التوظيف العامة من أجل تحسين التوفيق بين العرض والطلب والتدريب الوظيفي المرتبط مباشرة بالسمات، والمهارات، والاحتياجات المحددة سلفاً من جانب القطاع الخاص.

المصدر: خبراء البنك الدولي

ويمكن لتحسين موائمة التعليم المهني للاحتياجات أن يساعد في تنمية قطاعات جديدة وتعزيز روح ريادة الأعمال الحرة في ليبيا. وفي حال ربطه بالتدريب على ريادة الأعمال الحرة، يمكن للتدريب المهني أيضاً أن يطلق القدرات الكامنة للعمل الحر لحساب النفس. وعلى الرغم من أن الباحثين عن عمل ليسوا جميعاً مؤهلين لأن يصبحوا رواد أعمال ناجحين، فإن استهداف القطاعات الرئيسية والتدريب الكافي على إعادة التحول المهني يمكن أن يؤدي إلى خلق فرص توظيف مثمرة.

ومن شأن تحسين جودة معلومات سوق العمل، والقدرة على الحصول عليها، أن يتيح تصميم سياسات العمل بشكل أفضل. وثمة حاجة إلى تجميع الشواهد والدلائل الخاصة بالمهارات، والقدرات، والدخل والمزايا، والطلب على الأيدي العاملة، وذلك من خلال إجراء استقصاءات

منتظمة وتطوير أنظمة إدارية لجمع البيانات والإحصاءات. ومع بدء ليبيا في الابتكار وإصلاح برامج سوق العمل، سيساعد رصد وتقييم تلك البرامج في تحديد أي الإجراءات التدخلية هي الأكثر فاعلية. وكذلك سيساعد إنشاء قاعدة بيانات مجمعة ونظام للمعلومات في تيسير سبل الحصول على المعلومات أمام أصحاب العمل والباحثين عن عمل على حد سواء.

الأولويات: إعادة الاندماج والقطاعات الناشئة

يمكن تصميم سياسات خاصة لدمج الشباب والمحاربين السابقين والنساء في سوق العمل، ولاسيما في القطاعات الناشئة. وقد تبين أن مساندة الاندماج الاقتصادي للمحاربين السابقين تمثل عنصراً بالغ الأهمية في عملية بناء الدولة ويساعدهم في استغلال مهاراتهم في بناء مستقبل منتج. ومن شأن برامج التدريب العملي والتلمذة الصناعية أن تحسن من قدرة الباحثين عن عمل على العثور على وظائف، فضلاً عن غيرها من برامج التدريب والخدمات العامة التي يمكن أن تكون فعالة بالنسبة للعمال من ذوي المهارات المتدنية. ومن أجل تشجيع نمو الشركات، يمكن تطوير تدريب المرشحين المؤهلين على ريادة الأعمال بالاشتراك مع روابط الأعمال والغرف التجارية في ليبيا.

الاستنتاجات

مع مضي عملية التحول في ليبيا قدماً، سيساعد بناء تحالفات لتحسين آفاق التوظيف في تدعيم بناء الدولة على الأمد الطويل. فمن ناحية، تعد التحديات التي تواجهها ليبيا مماثلة لتلك التي تواجهها بقية بلدان منطقة الشرق الأوسط وشمال أفريقيا وغيرها من البلدان متوسطة الدخل وذات الأوضاع الهشة. ومن ناحية أخرى، فإن ليبيا بحاجة إلى سد الفراغ المؤسسي القديم والعميق وفي الوقت نفسه تيسير التصالح فيما بين الفصائل المتنافسة في دولة وليدة. ولابد في هذا الصدد من إدخال إصلاحات هيكلية ومؤسسية كبيرة.

ويمكن لبناء التحالفات أن يعجل بسرعة التغير. وقد بدأ التعاون بين القطاعين العام والخاص يبرز في ليبيا. ويمكن لهذه الشراكات أن تعجل بسرعة التوظيف وإعادة الاندماج، ولاسيما بالنسبة للقطاعات غير المستغلّة، والقطاعات الجديدة مثل التجارة، والخدمات، والسياحة، والصناعات الغذائية. وثمة حاجة ملموسة في المستقبل لوضع إستراتيجية توظيف على الأمد القصير إلى الطويل تستند إلى الرؤية الاقتصادية الليبية. ولابد لهذه الإستراتيجية من أن تعالج طائفة من التحديات التي تواجه مناخ الأعمال في ليبيا، ومؤسسات سوق العمل، والنظام التعليمي. وستساعد هذه الإستراتيجية في تأمين مستقبل مستقر لليبيا.

حواشي

1. يخرج النقاش التفصيلي لقضايا تنمية القطاع الخاص عن نطاق هذا التقرير.
2. البنك الدولي، "خلق الوظائف بالمناطق المتأثرة بالصراعات"، في التقرير المعنون "زيادة الوظائف وتحسين نوعيتها في جنوب آسيا" (واشنطن العاصمة: البنك الدولي، 2012).
3. ج. بينوس، و ج. رود، و س. باترابانش "تأثير المشروع الطارئ للتسريح وإعادة الاندماج في البوسنة والهرسك"، وزارة العمل، مكتب الشؤون الدولية، تقييم الأثر الإنمائي، والوكالة الأمريكية للتنمية الدولية، واشنطن العاصمة (2001).

الملحق أ

منهجية التقييم السريع لسوق العمل

الأهداف

كان الهدف العام للتقييم السريع لسوق العمل 2012 هو سرعة تحديد سمات واحتياجات وأفضليات سوق العمل وبرامج الالتحاق بالوظائف من وجهة نظر عينة صغيرة من الباحثين عن عمل وأرباب الأعمال. وكانت الأهداف المحددة تتمثل فيما يلي:

- تقييم الفجوة بين المهارات التي تطلبها القطاعات الاقتصادية المختلفة وأنواع الشركات بمختلف تقسيماتها، والمهارات المتاحة لدى شرائح الشعب الليبي وفئاته.
- تحديد المؤسسات التي تساند سوق العمل أو المشاركة في التوفيق بين جانبي العرض والطلب، مثل مراكز الباحثين عن عمل، ومراكز التدريب العامة والخاصة، وروابط الأعمال، والغرف التجارية.
- إجراء تقييم سريع لصلات وأدوار تلك المؤسسات في سوق العمل فيما يتعلق بتفعيل إستراتيجيات دخول سوق العمل أو إستراتيجيات استيعاب الأيدي العاملة المذكورة آنفا.
- إجراء اختبار مختصر لصلاحية قواعد بيانات العرض والطلب الموجودة، مثل مدى تمثيل قواعد البيانات الموجودة لدى مختلف المؤسسات الحكومية الليبية للباحثين عن عمل وللشركات.

وفيما يتعلق بالمعروض من الأيدي العاملة، كانت الأهداف تتمثل فيما يلي:

- وضع دراسات حالة مفصّلة توضح خصائص المعروض من الأيدي العاملة من مختلف شرائح وفئات السكان، بما في ذلك جمع المعلومات عن السمات السكانية؛ ووجهات النظر الحالية نحو أفضليات التوظيف وأهدافه؛ والمستويات التعليمية؛ والمهارات، وخبرات العمل؛ والمواقع في سوق العمل وفهمها.
- تحديد الخيارات المتاحة أمام إستراتيجيات دخول السوق بالنسبة لكل شريحة أو نوعية سكانية.
- وضع إجابات أولية للأسئلة المطروحة فيما يتعلق بالمعروض من الأيدي العاملة الليبية، مثل مدى استعدادها للعمل بمختلف أنواع الوظائف، أو بالقطاع العام في مقابل القطاع الخاص، وما يتعلق بآفاق المستقبل الخاصة باستعداد المحاربين السابقين للعمل.
- وضع تقديرات، متى أمكن، لأحجام الشرائح والفئات السكانية.

وفيما يتعلق بالطلب على الأيدي العاملة، كانت الأهداف تتمثل فيما يلي:

- وضع دراسات حالة مفصّلة لطائفة من القطاعات الاقتصادية توضح خصائص الطلب على الأيدي العاملة، بما في ذلك وجهات النظر المتعلقة بتنمية الأعمال؛ وسمات التوظيف؛ والطلب على المهارات لدى الشركات الصغيرة والمتوسطة والكبيرة.
- تحديد إستراتيجيات استيعاب الأيدي العاملة على الأمدين الأقصر والأطول بالنسبة لكل قطاع اقتصادي وكل نوع من أنواع الشركات.
- وضع إجابات أولية للأسئلة المطروحة لم تتم الإجابة عنها فيما يتعلق بالطلب على الأيدي العاملة الليبية، مثل ممارسات الشركات في مجال توظيف الأيدي العاملة الليبية والأجنبية، ومدى استعدادها للاستثمار في التدريب، وأفضليتها فيما يتعلق بالتدريب العملي الداخلي أم الخارجي.

- وضع تقديرات للطلب على الأيدي العاملة على الأمدين القصير والطويل، مفصَّلة حسب مجموعة المهارات والقطاعات، متى أمكن.
- اقتراح تقسيم نوعي لرسم خريطة للقطاعات الي تمتلك القدرة على استيعاب الخبرات المرتفعة من أجل خلق فرص العمل على أساس مجموعة مقترحة من المعايير والخصائص الواضحة.

تقييم المعروض من العمالة

أُجريت مقابلات متعمقة مع 10 شرائح سكانية تم تحديدها وفق تركيبة من الخصائص المتنوعة من بينها العمر، ونوع الجنس، والمستوى التعليمي، والوضع الوظيفي (انظر الجدول أ-1). ولكي يعكس التقييم "الطفرة الشبابية"، كان التركيز في 6 من الشرائح العشر على الشباب. وضمت تلك الشرائح أعداداً متساوية من الذكور والإناث، وقُسِمت إلى مجموعتين رئيسيتين من حيث الخصائص الوظيفية (من يتكسبون من وظائفهم، والعاطلين عن العمل أو البطالة المقنَّعة) وطائفة من المستويات التعليمية (نوع الشهادة، تعليم ثانوي أم مهني، وغير متعلمين). وركزت الشريحتان التاليتان على الأفراد متوسطي العمر العاطلين عن العمل أو الذين يعتبرون بطالة مقنَّعة، وذلك بغية فهم وضعهم في سوق العمل. وكانت الشريحتان الأخيرتان من المحاربين الحاليين، أو بين الحين والآخر، أو السابقين (من الذكور فقط)؛ والموظفين الحكوميين الذين خرجوا من سلك العمل الحكومي بسبب الخلافات السياسية بعد الصراع. وكانت هذه المجموعة الأخيرة محجمة عن المشاركة في المقابلات.

ولأغراض هذا البحث، تم تحديد تعريف "الشباب" بوصفهم من تتراوح أعمارهم بين 15 و 25 سنة، و "متوسطي العمر" من تتراوح أعمارهم بين 26 و 40 سنة. ويظهر الجدول أ-1 مبررات اختيار كل شريحة سكانية وأعداد من شملتهم المقابلات من كل منها.

وبموجب التصميم الموضوع، أُجريت غالبية المقابلات في ثلاثٍ من أسواق العمل الرئيسية وهي: طرابلس، وبنغازي، ومصراتة (انظر الجدول أ-2). كما سافر فريق العمل إلى زوارة، وقرابولي، وأجدابيا، من أجل إلقاء نظرة سريعة على سوق العمل في تلك المراكز السكانية الصغيرة. ولم تتم زيارات لجنوب البلد بسبب قصر مدة هذا المشروع. واستعان فريق البحث بعدد من النساء لإجراء المقابلات. ونتيجة لذلك شملت المقابلات 22 امرأة (بنسبة 32 في المائة)، وهو ما يعد إنجازاً جيداً بالنظر إلى صعوبة بعض أماكن البحث والحساسيات الثقافية المتعلقة بإجراء مقابلات مع النساء. ويظهر الجدول أ-2 توزيع أماكن المقابلات بالتفصيل.

الجدول أ-1 الفئات السكانية التي اشتمل عليها التقييم السريع

	الفئة السكانية	المبرر	حجم العينة (العدد)
1	شباب من الذكور والإناث من حملة الشهادات الذين يتكسبون من وظائف	لتقييم آليات دخول سوق العمل بنجاح بالنسبة للشباب جيد التعليم	9 (6)
2	شباب من الذكور والإناث من حملة الشهادات الثانوية أو شهادات التدريب المهني الذين يتكسبون من وظائف	لتقييم آليات دخول سوق العمل بنجاح بالنسبة للشباب ذي التعليم المتوسط أو المهني	7 (6)
3	شباب من الذكور والإناث غير المتعلمين (تعليم ابتدائي فقط) الذين يتكسبون من وظائف	لتقييم آليات دخول سوق العمل بنجاح بالنسبة للشباب المتعلم	6 (6)
4	شباب من الذكور والإناث من حملة الشهادات العاطلين عن العمل أو يعتبرون من البطالة المقنعة	لتقييم أوضاع، وعقبات، وحوافز دخول سوق العمل للشباب جيد التعليم العاطل عن العمل أو يعتبر بطالة مقنعة	6 (6)
5	شباب من الذكور والإناث من حملة الشهادات الثانوية أو شهادات التدريب المهني العاطلين عن العمل أو يعتبرون من البطالة المقنعة	لتقييم أوضاع، وعقبات، وحوافز دخول سوق العمل للشباب الحاصل على تعليم متوسط أو مهني	8 (6)
6	شباب من الذكور والإناث غير المتعلمين (تعليم ابتدائي فقط) العاطلين عن العمل أو يعتبرون من البطالة المقنعة	لتقييم أوضاع، وعقبات، وحوافز دخول سوق العمل للشباب ذي التعليم المتدني جداً	6 (6)
7	شباب من الذكور والإناث متوسطي الأعمار من حملة الشهادات العاطلين عن العمل أو يعتبرون من البطالة المقنعة	لتقييم أوضاع، وعقبات، وحوافز دخول سوق العمل لليبيين متوسطي الأعمار من ذوي التعليم الجيد العاطلين عن العمل أو يعتبرون بطالة مقنعة	7 (6)
8	شباب من الذكور والإناث متوسطي الأعمار من حملة الشهادات الثانوية أو شهادات التدريب المهني العاطلين عن العمل أو يعتبرون من البطالة المقنعة	لتقييم أوضاع، وعقبات، وحوافز دخول سوق العمل لليبيين متوسطي الأعمار من ذوي التعليم المتوسط أو المهني العاطلين عن العمل أو يعتبرون بطالة مقنعة	7 (6)
9	محاربون حاليون أو بين الحين والآخر أو غير منتظمين (كل الأعمار)	لتقييم أوضاع وعقبات وحوافز دخول سوق العمل أمام من يستخدمون السلاح خارج المؤسسات الأمنية	11 (6)
10	موظفون حكوميون تم تسريحهم مؤخرا، ولاسيما الشرطة (كل الأعمار)	لتقييم أوضاع وعقبات وحوافز دخول سوق العمل أمام موظفي الحكومة المسرحين	0 (6)
		إجمالي عدد المقابلات المتعمقة	**67 (60)**

المصدر: خبراء البنك الدولي.

الجدول أ-2 أماكن البحث والتوازن بين الجنسين

			طرابلس	مصراتة	بنغازي	قاروبولي	أجدابيا	زوارة	الإجمالي
1	شباب من الذكور والإناث من حملة الشهادات الذين	ذكور	0	1	1	0	0	1	3
	يتكسبون من وظائف	إناث	2	3	1	0	0	0	6
2	شباب من الذكور والإناث من حملة الشهادات الثانوية	ذكور	1	1	1	1	1	0	5
	أو شهادات التدريب المهني الذين يتكسبون من وظائف	إناث	0	0	1	0	0	1	2
3	شباب من الذكور والإناث غير المتعلمين (تعليم	ذكور	1	1	1	1	0	0	4
	ابتدائي فقط) الذين يتكسبون من وظائف	إناث	1	0	1	0	0	0	2
4	شباب من الذكور والإناث من حملة الشهادات العاطلين	ذكور	2	1	0	0	0	1	4
	عن العمل أو يعتبرون بطالة مقنعة	إناث	1	0	1	0	0		2
5	شباب من الذكور والإناث من حملة الشهادات الثانوية	ذكور	2	1	1	0	1	1	6
	أو شهادات التدريب المهني العاطلين عن العمل أو يعتبرون بطالة مقنعة	إناث	1	0	1	0	0	0	2
6	شباب من الذكور والإناث غير المتعلمين (تعليم	إناث	1	1	1	1	0	0	4
	ابتدائي فقط) العاطلين عن العمل أو يعتبرون بطالة مقنعة	ذكور	1	0	1	0	0	0	2
7	ليبيون من الذكور والإناث متوسطي الأعمار من حملة	إناث	0	1	1	1	1	0	4
	الشهادات العاطلين عن العمل أو يعتبرون بطالة مقنعة	ذكور	2	0	1	0	0	0	3
8	ليبيون من الذكور والإناث متوسطي الأعمار من	إناث	0	2	1	0	1	0	4
	الشهادات الثانوية أو شهادات التدريب المهني العاطلين عن العمل أو يعتبرون بطالة مقنعة	ذكور	1	1	1	0	0	0	3
9	المحاربون غير النظاميين الحاليون والمؤقتون (جميع الأعمار)	إناث	2	1	4	1	1	2	11
		المجموع	**18**	**14**	**19**	**5**	**5**	**6**	**67**

المصدر: البنك الدولي.

تقييم الطلب على العمالة

تم اختيار 6 قطاعات اقتصادية وفق مصفاة ذات مرحلتين تفحص بطريقة نوعية القدرات التوظيفية لكل قطاع على الأمد القصير والأمد الطويل (انظر الجدول أ-3). وهذه القطاعات هي الإنشاءات، والصناعات التحويلية، والتجارة، والزراعة/مصائد الأسماك، والضيافة، والخدمات. ومن ثم، فإن القطاعات الاقتصادية التي لا يُعتقد أنها تبشر بالقدرة على خلق فرص عمل على الأمد القصير لن يشملها البحث في هذا المشروع. وضمن كل شريحة، تم إجراء مقابلات مع 10 شركات تقريباً وفق متغيرات محددة، من بينها:

- **حجم الشركة** – صغيرة، أم متوسطة، أم كبيرة
- **نوع الملكية** – عامة أم خاصة
- **المكان** – طرابلس، أم بنغازي، أم مصراتة.

وتم اختيار الشركات بالاستعانة بمراجعة المؤلفات، وقاعدة بيانات تقييم مناخ الاستثمار 2010، والمقابلات المعلوماتية الرئيسية، وقواعد بيانات مجلس الخصخصة والاستثمار، والبحوث المباشرة (في حالة الشركات الأصغر حجما). وشملت المقابلات ما مجموعه 61 شركة (انظر الجدول أ-3).

الجدول أ–3 الشركات التي شملتها المقابلات وأماكنها

1. الإنشاءات			طرابلس		بنغازي		مصراتة	
خاصة	صغيرة	2	المنارة، بانوراما ليبيا					
	متوسطة	1	المتحدة	1	شركة ليبيا لتكنولوجيا الإنشاءات	2	شركة Qasr Al Kajalil, Jiim Company	
	كبيرة							
عامة	متوسطة							
	كبيرة	3	ليدكو، الاستشارات الهندسية، الإنماء للعقارات	1	شركة الأشغال العامة			
	الاجمالي	6		2		2		10
2. الصناعات التحويلية			**طرابلس**		**بنغازي**		**مصراتة**	
خاصة	صغيرة	2	البستان (للصابون) والنجمة (للحساء)	1	الزهراء (للحقائب الورقية)			
	متوسطة	1	الحجاجي (للنجارة)					
	كبيرة	2	شركة أفريقيا (للمشروبات الخفيفة/بيبسي)، جيفارا (للأغذية)	1	الشركة الليبية للإسمنت	1	النسيم (لمنتجات الألبان)	
عامة	متوسطة							
	كبيرة	2	المختار (متنوعة)، مصنع التبغ (السكائر)					
	المجموع	7		2		1		10
3. التجارة			**طرابلس**		**بنغازي**		**مصراتة**	
خاصة	صغيرة	1	المنزل الراقي			2	التقدم الحديث، شركة الطوارق	
	متوسطة	1	جوهرة أفريقيا			1	شركة تشييد	
	كبيرة	1	الرياحين	2	مجموعة HB، الهواري			
عامة	متوسطة							
	كبيرة							
	المجموع	3		2		3		8
4. الزارعة وصيد الأسماك			**طرابلس**		**بنغازي**		**مصراتة**	
خاصة	صغيرة	3	مزرعة الهاشم ومزرعة عمار وشركة أبناء العاجي					
	متوسطة	2	مصايد البحر الأزرق ومزارع يونس المحارجي			2	البحر الهادر	
	كبيرة							
عامة	متوسطة							
	كبيرة					1	شركة الزراعة	
	المجموع	5		0		3		8
5. الفنادق والمطاعم			**طرابلس**		**بنغازي**		**مصراتة**	
خاصة	صغيرة	4	مقهى البعاجه، شركة القديمة، بيتزا القرا، فندق دكنة			1	فندق الكبير	
	متوسطة	2	فندق المساء وفندق ودان	2	فندق نوران، مطعم بيتزا	1	فندق البركة	
	كبيرة							
عامة	متوسطة							
	كبيرة	2	باب البحر وفندق الكبير	1	فندق تبيستي			
	المجموع	8		3		2		13

يستمر الجدول الصفحة التالية

الجدول أ-3 الشركات التي شملتها المقابلات وأماكنها (تابع)

6. الخدمات والاتصالات		طرابلس		بنغازي		مصراتة		
خاصة	صغيرة	4	الإنتاج للإعلام، البرج للإعلان، الحذاء الذهبي	1	وكالة مينا	2	تايكة (لإصلاح الإطارات) الحارس للأمن	
	متوسطة	2	الاستشاري لإصلاح الكمبيوتر، المتحدون للاستشارات القانونية					
	كبيرة							
عامة	متوسطة							
	كبيرة	2	المدينة للإعلام، LTT			1	شركة مصراتة للمناطق الحرة	
المجموع		8		1		3		12
المجموع الكلي		37		10		14		61

المصدر: خبراء البنك الدولي

ملحوظة: ليدكو = الشركة الليبية للاستثمار والتنمية

وتم وضع استقصاءات تفصيلية تتألف من 90 سؤالاً و 70 سؤالاً من أجل المقابلات الخاصة بجانب العرض (الباحثين عن عمل) وجانب الطلب (الشركات)، على الترتيب. ويتضمن الملحق ب شرحاً وعرضاً لهذه الاستقصاءات.

التحديات

مما تجدر ملاحظته التحديات التي واجهت إجراء هذا البحث. فعلى المستوى الكلي، كان الحصول على المعلومات من المستويات العليا بوزارتي التخطيط والعمل يتسم بالصعوبة. وغالباً ما كان المسؤولون على المستويات الأدنى يتسمون بالصراحة في آرائهم عن المعلومات والإجراءات التي يمتلكونها أو يقومون بها. وكان المسؤولون بهيئة الإحصاء يتسمون بالأريحية الشديدة.

وبالنسبة لتقييم جانب العرض، واجه البحث صعوبات في التعامل مع المشاركات من النساء. وطوال البحث، بُذل مجهود لتدريب وتوظيف الإناث اللائي شملتهن المقابلات في كل مكان.

وبالنسبة لجانب العرض، كان الوصول إلى الشركات الحكومية بالغ الصعوبة حيث ساد جو من التشكك في الباحثين. وتطلب الأمر دائماً القيام بالعديد من الزيارات والحصول على العديد من خطابات الموافقة قبل أن يتسنى لمن يقومون بإجراء المقابلات الوصول إلى المديرين المعنيين. وعانى معظم المديرين في التمييز بين كافة الأسئلة المتعلقة بالمهارات. وكثيراً ما كان طول وقت المقابلات يعني أن من يجرون المقابلات يحاولون جاهدين الحفاظ على انتباه المديرين. ويمكن للتقييمات المستقبلية أن تنقح المنهجية المستخدمة من أجل معالجة هذه التحديات.

الملحق ب

تصميم استقصاء التقييم السريع لسوق العمل

تُرجم كلٌ من استقصائي جانب العرض وجانب الطلب إلى اللغة العربية وتم إجراؤهما وجها لوجه.

وبالنسبة للبحث الخاص بجانب العرض، تم وضع استقصاء مؤلف من 90 سؤالاً بالتنسيق مع البنك الدولي كي يغطي كل الشرائح السكانية. وتضمن الاستقصاء أبواباً إضافية من الأسئلة لكي يغطي المحاربين النشطين وأولئك الذين يشاركون في القتال من حين إلى آخر والموظفين الحكوميين. وجرت هيكلة الاستقصاء بوصفه أداة كمية من أجل جمع البيانات والسماح بإجراء دراسات حالة (انظر الجدول ب-1).

أما بالنسبة للبحث الخاص بجانب الطلب، فقد تم وضع استقصاء مؤلف من 70 سؤالاً لكافة الشركات، بغض النظر عن الحجم، أو الصناعة، أو الرسمية (انظر الجدول ب-2). ولمساندة وضع دراسات حالة مقارنة، سيكون الاستقصاء كمياً بالدرجة الأولى لكنه يشمل أيضاً أسئلة مفتوحة للتكيف مع التباين الشديد في أوضاع الأعمال.

الجدول ب-1 هيكل استقصاء جانب العرض (الباحثين عن عمل)

	مكونات الأسئلة	النتيجة المقصودة للبحث
أ	تفاصيل المقابلات	
ب	السمات السكانية	
ج	سمات التوظيف	تفاصيل عن التعليم الابتدائي والثانوي حاليا
د	تاريخ العمل	هل يمثل الافتقار للخبرة عقبة أمام العثور على وظيفة؟ كم من الوقت يستغرق العثور على وظيفة بالنسبة لمختلف الفئات؟
هـ	شبكة المساندة	هل يمثل الافتقار لشبكة مساندة عقبة أمام العثور على وظيفة؟ وبالعكس، هل تحد قوة الشبكة من الدوافع؟
و	الدوافع	ما هي الوظائف التي يبدي الليبيون من مختلف الفئات استعدادهم لشغلها؟
ز	معرفة سوق العمل	من أين يحصل الليبيون على معلوماتهم بشأن الوظائف؟ كيف تتوافق توقعاتهم مع سماتهم العامة؟
ح	المهارات	التصنيف الذاتي للمهارات/الافتقار إليها، المهارات الأكثر استخداماً في الوظائف السابقة وخبرة العمل، التدريب الخاص على مهارات معينة، المهارات الأكثر تقديراً، والمهارات المرغوبة أكثر.
ط	الاحتياجات	الاحتياجات الفردية والمقترحات بشأن كيف يمكن للحكومة تيسير العثور على وظيفة
ي	النساء في مكان العمل	العقبات أمام العثور على وظيفة، الوظائف الأكثر والأقل عائدا بالنسبة للنساء
ك	وجهات النظر	آفاق المستقبل القريب والبعيد
ل	موظفو الحكومة النازحون	القضايا الخاصة المرتبطة بموظفي الحكومة الذين فقدوا وظائفهم أثناء الثورة
م	المحاربون الحاليون/السابقون،	القضايا الخاصة المرتبطة بالقتال

المصدر: خبراء البنك الدولي

الجدول ب-2 هيكل استقصاء جانب الطلب (الشركات)

مكونات الأسئلة		النتيجة المقصودة للبحث
أ	تفاصيل المقابلات	
ب	سمات الشركة	
ج	الموظفون الحاليون	أبرز إحصاءات التوظيف والاختلافات الحديثة
د	تبديل الموظفين/الاحتفاظ بهم	قيِم تقلبات سوق العمل الليبية حسب القطاع. ما الذي يبقي على الليبيين في نفس الشركة؟
هـ	المهارات	ما هي أهم المهارات المطلوب أن يمتلكها العمال الليبيون على الأمد القصير؟
و	التدريب/التلمذة الصناعية	هل تساهم الشركات في بناء المهارات؟ ما هو مدى استعدادها لدفع مقابل التدريب أو الاستثمار فيه، سواء داخل الشركة أم خارجها؟
ز	أساليب توظيف العمال	ما هي أكثر أساليب توظيف العمال شيوعاً/كفاءة بالنسبة لمختلف فئات الموظفين؟
ح	وجهات النظر المتعلقة بالنمو	ما هي القطاعات التي ستقوم بالتوظيف في المستقبل القريب؟
ز	المؤسسات	ما مدى فائدة النسيج المؤسسي المحيط بالشركات، وبخاصة فيما يتعلق بالتوظيف؟ هل المؤسسات ملزمة قانوناً بتوظيف وتدريب الليبيين، وهل تتبع القانون؟

المصدر: خبراء البنك الدولي

الملحق ج

إطار عمل لنظام للتدريب والتعيين للقطاعين العام والخاص

الشكل ج-1 إطار للتدريب الوظيفي والتعيين بالقطاعين العام والخاص

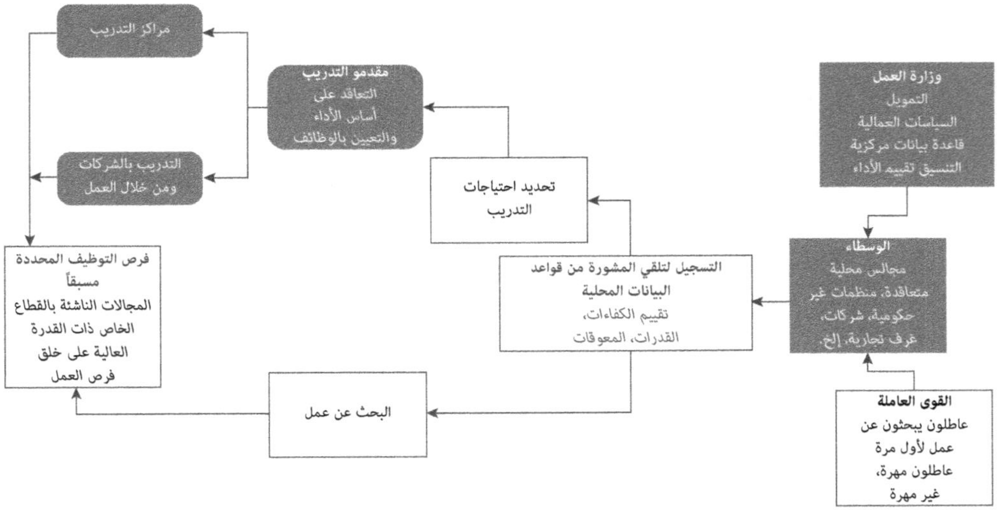

ترتيبات التنفيذ

- ستقوم وزارة العمل، بالاشتراك مع القطاع الخاص والوزارات الأخرى، بوضع معايير العمليات، ومعايير العطاءات والمشتريات، والإرشادات والسياسات الخاصة بتأهيل المتدربين والرصد والتقييم
- الوسطاء المشاركون في البرنامج لديهم القدرة على تتبع ورصد والتحقق مما تحقق من تقدم ونوعية البيانات والمعلومات
- أن يكون للباحثين عن عمل القدرة على الوصول بسهولة إلى وسطاء البرنامج
- إيجاد الآليات لتيسير مشاركة المجتمع المحلي، والبلديات، والقطاع الخاص
- تقدم الشركات/مقدمي الخدمة بعطاءات كمدربين وتصميم التدريب حسب الطلب

مؤشرات الأداء الممكنة

- مستويات مهارة المتدربين من الباحثين عن عمل
- معدلات توظيف المتدربين في غضون ستة أشهر من إتمام تدريبهم
- عدد الباحثين عن عمل الذين استفادوا من التدريب
- تزايد عدد المستجيبين من مقدمي خدمات التدريب بالقطاعين العام والخاص للاشتراك في مناقصات تنافسية للقيام بخدمات التدريب
- تحسن الآراء في المديرين من بين عينة من الشركات وروابط الأعمال فيما يتعلق بما يلي: (1) توافق التدريب مع احتياجات أصحاب العمل، (2) نوعية التدريب، (3) توافر الموظفين المحتملين من ذوي المهارات المطلوبة.

المصدر: مأخوذة بتصرف عن ر. آلمييدا، و ج. بيهمان، و د. روبالينو، محررون. 2012: المهارة الملائمة للوظيفة؟ إعادة التفكير في سياسات تدريب العمال. واشنطن العاصمة: البنك الدولي، خبراء البنك الدولي.